中東欧の文化遺産への招待

ポーランド・チェコ・旧東ドイツを歩く

四方田雅史／加藤裕治 編著

青弓社

中東欧の文化遺産への招待——ポーランド・チェコ・旧東ドイツを歩く／目次

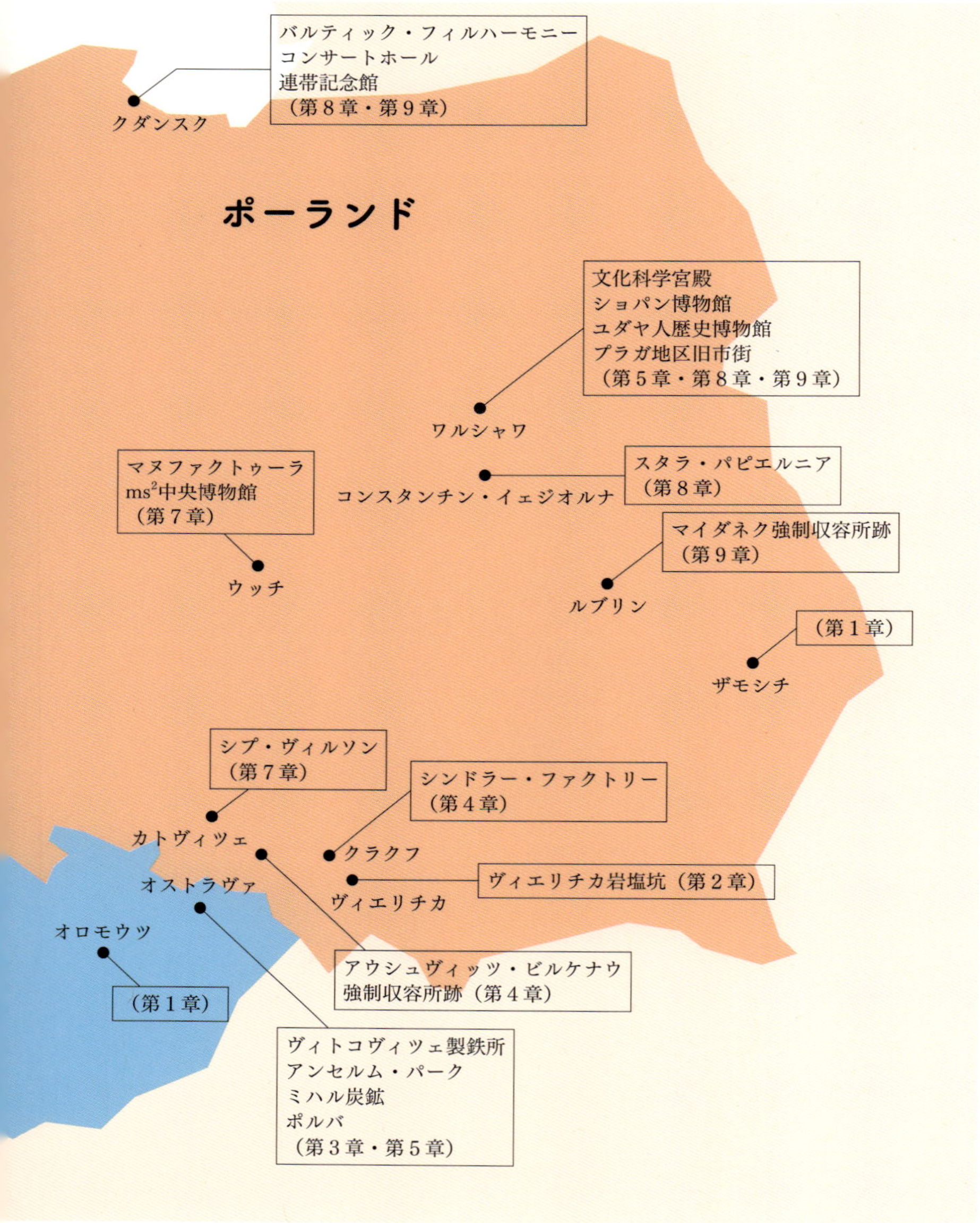
バルティック・フィルハーモニー
コンサートホール
連帯記念館
（第８章・第９章）
クダンスク
ポーランド
文化科学宮殿
ショパン博物館
ユダヤ人歴史博物館
プラガ地区旧市街
（第５章・第８章・第９章）
ワルシャワ
マヌファクトゥーラ
ms²中央博物館
（第７章）
ウッチ
スタラ・パピエルニア
（第８章）
コンスタンチン・イェジオルナ
マイダネク強制収容所跡
（第９章）
ルブリン
（第１章）
ザモシチ
シプ・ヴィルソン
（第７章）
カトヴィツェ
シンドラー・ファクトリー
（第４章）
クラクフ
ヴィエリチカ岩塩坑（第２章）
ヴィエリチカ
オストラヴァ
オロモウツ
（第１章）
アウシュヴィッツ・ビルケナウ
強制収容所跡（第４章）
ヴィトコヴィツェ製鉄所
アンセルム・パーク
ミハル炭鉱
ポルバ
（第３章・第５章）
本書で紹介している場所・施設など

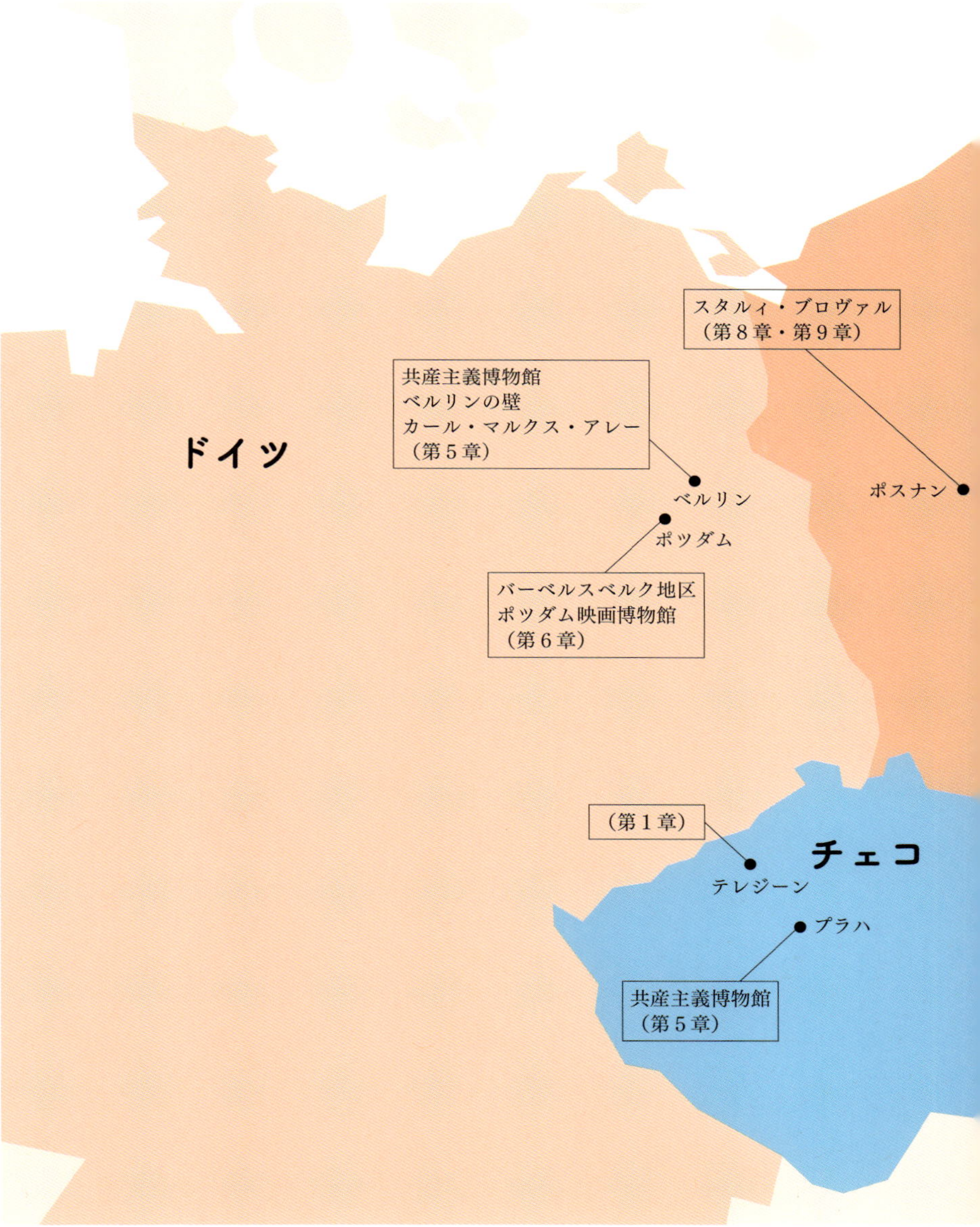
スタルィ・ブロヴァル
（第８章・第９章）
共産主義博物館
ベルリンの壁
カール・マルクス・アレー
（第５章）
ドイツ
ベルリン
ポスナン
ポツダム
バーベルスベルク地区
ポツダム映画博物館
（第６章）
（第１章）
チェコ
テレジーン
プラハ
共産主義博物館
（第５章）

装丁——斉藤よしのぶ

はじめに

四方田雅史

学術的背景――歴史・文化遺産・文化政策

本書は中東欧の文化遺産とその関連領域についての研究成果をまとめたものであり、関心を持った読者にとっては、そのガイドブックの役割を担うことも目指したものである。しかし、なぜ「中東欧」というくくりなのか、そして「文化遺産とその関連領域」とは具体的にどういうことなのか、少し説明が必要だろう。まずはじめに文化遺産をめぐる近年の変化や研究動向に言及しながら、本書を取り巻く学術的背景・前提について説明したい。

まず、中東欧を取り上げる意義である。本書は具体的にいうと、ポーランド・チェコ・旧東ドイツを取り上げている。この地域は、時代や背景によって名称が異なるが、東欧（Eastern Europe）、中東欧（Central and Eastern Europe）、東中欧（East-Central Europe）、中欧（Central Europe）などの一部とされてきた。ちなみに、これらの地域呼称は含意もそれぞれに異なっている。「東欧」はヨーロッパを東西に分ける傾向が強いとき、とりわけ冷戦期に多用されてきた。「中欧」はヨーロッパを東・中・西に三分する視点が前提にあり、ドイツとその影響が強い国々という意味合いを多分に含むようである。「中東欧」「東中欧」は主として英語圏で使われる概念で、中欧と東欧を合わせた地域の呼称、もしくは中欧の東半分という呼称として使われている。本書で取り上げる国・地域はかつて社会主義陣営だったものの、体制転換の優等生として二〇〇四年にバルト三国とともにヨーロッパ連合（EU）に加盟した点で共通した特徴を持つ。このように、書名にある「中東欧」とは、（西）ドイツと旧ソビエト連邦・ロシアに挟まれた地域の意味で用いている。ドイツ語圏の勢力が強いときは現在のように西欧、もしくは中欧の東端と位置づけられ、冷戦期のようにソビエト連邦（ソ連）の勢力が強いときは東欧の西端に位置づけられてきた。この地域はロシア側から見るとカトリック・プロテスタント、ラテン文字、経済的豊かさなど西欧と似た特徴があり、かつて東側陣営内では先進工業国の役割を担わされてきた。現在でも旧東欧のなかでは経済の優等生という立ち位置にある。逆に西欧から見るとまだ東欧の香りを残す地域であり、ＥＵ（欧州連合）のなかでは労働移民の送り出し国で、比較的低賃金の労働力を使う製造業に比較優位がある地域に見える。近年のこの地域は民主主義体制が不安定であり、移民受け入れに不寛容なところがあるなど、西欧に比べて未成熟な面も見受けられる。また北大西洋条約機構（ＮＡＴＯ）内でロシアに対する前線基地の役割を担い、現在ではロシアから警戒される存在でもある。その意味で、ポーランドとチェコは西欧でも東欧でもない地域であり、後述する文化財や文化遺産、文化政策がいち早く生まれた西欧とは、いろいろな点で異なっている。

文化遺産もしくは文化財自体、近代の西欧で生まれてきた概念であることはよく知られている。一般に、西欧で初めて、多様な人々を一つの国民意識で束ねる「国民国家（nation-state）」が生まれ、その国民意識を醸成するためにその国共通の言語や歴史が創造され、それを示す遺構が文化遺産・文化財として国家的に認知されるようになったといわれる。このような時代には、第一にその国の栄光や誇りを示すものが文化財とみなされたといえる。西欧では教会や城・遺跡、伝統や建国に関わる政治的事件を示す遺物などが保全されるべき文化財とされてきたし、日本でも神社仏閣、城などが典型的な文化財であった。現在でも、これらを文化財と位置づけることは衆目の一致するところだろう。

しかしながら、近年この文化遺産・文化財に対する考え方に変化が見られる。文化財を、国家・国民を単位としたものから、より広い世界に共通した文化遺産とみなそうとする動きがあることは周知のことだろう。その代表的なものが一九七二年の世界遺産条約であり、この世界遺産の枠組みは各国の文化財政策の指針にもなっている。また、欧州ではＥＵの枠組みでの各種協定に基づいた文化財保全もその一環である。いまや、文化財をその国だけではなく、欧州、そして世界全体の宝とみるまなざしが生まれてきているといえる。

このように文化財保全という理念が世界に広まった結果、西欧とは異なる歴史的背景を持った国では、西欧で生まれた文化財概念とのズレも表面化している。先述したとおり、中東欧は西欧と異なる歴史的背景を持っている。実際に歴史をひもとけばその特徴が浮かび上がる。チェコは第一次世界大戦まで、一時期を除けばオーストリアの一部であり、ポーランドも、中世は独立国家として広大な領土を支配したものの、ポーランド分割で祖国を失う憂き目を味わった。その分割に参加した国はプロイセン、オーストリア、ロシアであり、まさに大国に挟まれた位置が災いしたといえる。そのような歴史はその後も続く。第一次世界大戦ではドイツとオーストリアが同盟国として敗戦を迎え、ポーランドもチェコスロバキアもそれを契機に独立を果たす。くしくも、本書を出版する二〇一八年はポーランドとチェコにとって独立百周年の節目にあたる。しかし、ドイツとソ連が再び台頭してくると、両国に挟まれた地域も不安定化していく。最終的にチェコはナチス・ドイツに併合され、ポーランドをはじめとする中東欧地域を分割するための独ソ不可侵条約によって第二次世界大戦の火ぶたが切られることになった。戦後、敗北したドイツは東西に分割されて東ドイツ（ドイツ民主共和国）が誕生し、この地域全体が東側陣営に組み込まれた。しかし、「プラハの春」や「連帯」運動といった度重なる民主化運動もあって、一九八〇年代末に共産主義政権は次々と崩壊していく。そのなかで東ドイツはドイツ統一で西ドイツに「吸収」されるが、東西の経済的・文化的な統一はまだ道半ばといわれる。ポーランド、チェコ（「ビロード離婚」でスロバキアと円満に分離）は社会主義のくびきから逃れてNATOとEUに加盟していった。

ポーランドやチェコを中心にこの地域の変遷を見てきたが、そこからはドイツ、オーストリア、ロシアの間で翻弄されてきた歴史が読み取れる。この地域は、独立した期間が短く、外来勢力による支配を受けてきた時期のほうが長い。文化財もその国の栄光を示すものだけではなく、国民にとってアンビバレントな意味を持つものも多く含まれることになる。

様々な分野で西欧に関する研究は多いものの、対象がドイツから少し東にずれると研究が圧倒的に少なくなる。おそらく、先進国である西欧を手本として学ぼうとすることが多かったからだろう。一般に研究対象とされてきた「西欧」からこぼれ落ちる地域だった。しかし、世界史のなかではむしろ西欧や日本のほうがマージナルな存在であり、ユーラシアやアフリカなどではポーランドやチェコのような複雑な歴史を持つ国のほうが多いのではないか。逆にいえば、そのような国から学ぶことこそ、近代化を比較的円滑に遂げた日本や西欧の歴史的経験を相対化して世界をより深く理解することにつながるのではないか。そこに中東欧の個性があるといえる。

当然ながら、中東欧では文化遺産・文化財の位置づけも西欧とは異なってくる。まず、国民の栄光を語るものだけが文化財ではない。例えばポーランド分割後やナチス時代、社会主義時代のように外国に支配されてきた時代の遺構も文化財になりうる。これらは、もちろんナショナリズム（例えばポーランドでは、自らはキリストの磔刑のような苦難を経験してきたが、いつか復活を果たすはずだという歴史観、すなわち「メシア的歴史観」が強かったといわれる）にも支えられているが、「負の遺産」、そこまでいかなくとも「不協和音をもたらす遺産（dissonant heritage）」としての面も色濃く持つ。本書では、オーストリア支配時代（チェコ）、ナチス占領時代、社会主義時代の文化遺産を取り上げている。そしてそのような文化遺産は、外国人から見ると、当該国の歴史を象徴するものとみなされている。ポーランド、チェコ、および旧東ドイツに外国人が関心を持つ場合、そのような苦難の歴史を持つ国というイメージが根強い。まさに中東欧自体、外からそうしたイメージを持たれているともいえる。

現在はポーランドもチェコも「単一民族国家」に近い民族構成になっているが、かつてはそうではなかった。中東欧諸国は国民国家として成立していなかったことも反映し、多民族を包摂していたのである。一般にいわれるように、西欧などでは一つの地域に暮らす住民を次第に「国民」と考えるようになったのに対し、西欧・日本以外では、人為的に画定した国土のなかに複数の民族が混在しそれをそのまま包摂する形で国家を建設してきた。後者の経緯が中東欧にも当てはまる。第二次世界大戦までのポーランドやチェコにはユダヤ人やドイツ人、ハンガリー人、ウクライナ人、ロマなど様々な民族が交ざり合って暮らしていた。それを体現する例として、プラハに生まれドイツ語で著作活動をしたフランツ・カフカや、ポーランドに生まれ多言語的状況で起きる軋轢を克服するために国際共通語エスペラント語を考案したルドヴィコ・ザメンホフが挙げられる。しかし、ドイツ系も多く住む多民族混住の状況が、皮肉にもナチスの拡大政策に付け込まれることにもなった。

第二次世界大戦中にナチスによるユダヤ人虐殺があり、戦後に国境線の大幅な変更とともにドイツ人を強制的に追放したことによって、ポーランドもチェコもほぼ単一の民族構成になった。しかしながら、近年ヨーロッパ的、もしくはグローバルな視点からの見直しに伴い、こうした戦後の強制移動は民族浄化（エスニック・クレンジング）に近いのではないかという批判や反省も出ている。文化財でも、「国民」（もしくは主要民族）だけではなく、少数民族や各エスニシティの文化財も重視されていく多文化主義的な流れが強まっている。実際、かつての多民族混住の痕跡は各地に散見される。本書で、かつてユダヤ人も住んでいた歴史的都市や、ユダヤ人虐殺という「負の歴史」を背負った遺構を取り上げたのにもそのような背景がある。また、例えばバルト海沿岸のグダンスク（旧ダンツィヒ）も戦間期にドイツ領だったなど、度重なる国境線変更という複雑な歴史を背負っているのである。日本にとっても、アイヌや沖縄、その他離島の文化の問題は無視しえないものになっているのと似た状況だ。

それに加えて、文化財とみなされる範囲が広がっている点も挙げられる。これは中東欧だけではなく世界規模での変化である。本書でも取り上げている歴史的な都市、産業遺産や二十世紀の建築などがそれにあたる。ユネスコ（国連教育科学文化機関）の世界遺産委員会では、一九九四年に「世界遺産一覧表における不均衡の是正及び代表性・信頼性確保のためのグローバル・ストラテジー」（略称「グローバル・ストラテジー」）が採択された。それは、当時西欧に偏っていた世界遺産の不均衡を是正するため、これまでの世界遺産の範囲を拡大し、文化的景観や、本書でも取り上げた産業遺産、二十世紀の建築などを重視する姿勢を鮮明にしたものである。例えば東京・上野にある国立西洋美術館はル・コルビュジェの建築（「二十世紀の建築」の一環）として世界文化遺産に登録されたが、あれを見て一般の人々はどう思うだろうか。建築史に造詣があれば、そこに現代建築に多大な影響を及ぼしたモダニズムの先駆的意義を認めるだろうが、単なる箱のような建物であり珍しくもないと思うかもしれない。産業遺産や二十世紀の建築というカテゴリーでは、私たちがすでに当たり前と思っているものの起源を文化遺産とみなしているともいえる。日本でも、名古屋テレビ塔や東京タワーがすでに国の有形文化財に登録されているし、イギリスではビートルズのアルバム・ジャケットでおなじみのアビーロードの横断歩道が文化財になっている。本書でも取り上げる集合住宅、映画、デザイン、現代建築なども、現在は文化遺産になると考えないかもしれないが、今後そのようにみなされていく可能性は十分にある。大聖堂や大仏のように壮大さや荘厳さはないものの、そうした現代的・日常的なものが文化遺産に次々と組み込まれつつあるのだ。

文化遺産は、観光に加え、メディア、まちづくり、創造産業育成、建築、デザインといった文化関連領域と手を携えて発展してきたといっていい。そのなかで、まず観光との関係を取り上げよう。文化遺産での前記の変化には、当然ながらそこを訪れる観光の変化も反映している。かつては、バスや鉄道で大挙して目的地に押し寄せ海水浴をしたり温泉に入ったりするような「マス・ツーリズム」が日本でも海外でも主流だった。しかし、その後、観光は個別化され差異化されてきた。バックパッカーによる途上国旅行はその先駆だったし、現在ではガイドブックに頼らずにSNS（ソーシャル・ネットワーキング・サービス）の細分化された情報を収集しながら個人の趣味に合わせて訪れる観光が生まれ、しかも拡大している。そこでは、アグリ・ツーリズム、ジオ・ツーリズム、スポーツ・ツーリズム、ダーク・ツーリズム、産業観光、戦跡観光など、○○・ツーリズム、○○観光といった用語が氾濫している。ほかにも漫画やアニメに登場する場所を訪れる「聖地巡礼」まで登場している。このように考えると、本書で取り上げた建築を見るツーリズム（建築ツーリズム）や地域特有のデザインを当地で楽しむツーリズム（あまりこなれていないが「デザイン・ツーリズム」？）も立派に存在しうるカテゴリーである。初めて中東欧を訪れる場合、まずは紋切り型の観光地を巡るのが主だろうが、リピーターになれば各個人の嗜好ごとに細分化された観光形態が中心になっていくと考えられる。

観光と文化財の間にはジレンマが生じることもある。観光と文化財保全は両立することが望ましいものの、観光を優先させて地域がテーマパーク化してしまって文化財の意義が失われたり、観光客が大量に訪れることによって文化財の保全が危機に瀕したりすることもある。また、観光客に気に入られるように歴史がゆがめられ、デフォルメされた歴史や体験が強調されることもある。第2章「ヴィエリチカ岩塩坑の産業遺産と観光」（藤田憲二）と第3章「中東欧の近代産業遺産――オストラヴァの産業遺産を中心に」（四方田雅史）の産業遺産、第4章「現代の「負の遺産」――クラクフのシンドラー・ファクトリー」（加藤裕治）の「負の遺産」などの例ではテーマパーク化、アトラクション化が進んでいて、このような文化財のあり方がはたして望ましいのか、議論もありえそうだ。

加えて本書では、文化政策などほかの隣接分野と文化財との関連も取り上げている。文化財はそもそも保存・保全を第一義に考えなければならないが、その条件を緩めてでもまちづくりや文化振興のために商業・宿泊・文化施設に利活用したり、古い建築に新たな建築を組み合わせて再生したりする取り組みがおこなわれている。しかし現実には、文化財につきものの保全と利活用をめぐって論争になることも多い。利活用を優先させると保全がないがしろになるというジレンマであり、そこには万人が納得する一つの正解があるわけではない。本書でも取り上げる例でいえば、歴史的街並み（日本の重要伝統的建造物群保存地区でも同様だが）では実際に住民が暮らしていて、生活環境と文化財保全、さらに観光地化の間のジレンマ、もしくはトリレンマに悩まされることがある。また、文化財の建築を新しい建築と組み合わせて再生させる取り組みも、文化財保全の観点から論争になることもある。しかし、多くの国で文化財予算が限られるなか、文化財を利活用（改造）しながら保全するあり方が近年重視されつつある。

特に古い建築を、アートを展示してイノベーションを生み出すための施設として再生しようとする取り組みは興味深い。日本でもすでに見られるが、海外にも参考にできる事例が数多く存在する。本書で取り上げたチェコのオストラヴァやポーランドのカトヴィツェはかつて炭鉱・重工業都市として繁栄したものの、重厚長大型産業の衰退によって産業転換を余儀なくされている。そのうち、カトヴィツェではアートを展示する施設として産業遺産を活用している。工業など旧来の中核産業が衰退していくなか、文化財の保全と文化・創造産業の育成という二つの課題を一石二鳥で解決しようとする政策として注目されている。それとも関連して同市は、静岡文化芸術大学が立地する浜松市とともに音楽分野でユネスコの「創造都市ネットワーク」に参加している。古い建物

（文化財）と創造性とをどのように両立させるのか。こうした試みは、在野のジャーナリストであり都市経済学者でもあったジェイン・ジェイコブズの有名な言葉「新しいアイデアは古い建築を必要とする（New ideas need old buildings）」を地で行っているともいえる。中国や台湾などでは「創意産業園区」と称して産業遺産をイノベーションのための施設に転用して保全と創造性を両立させようとしているが、中東欧でも似たような取り組みが見られる。本書ではこのような最新の文化政策を反映した事例も紹介している。

本書の構成

前記の学術的背景・前提を念頭に置いて、本書は大まかに二部構成にした。

まず第5章までの前半部は中東欧に特有の多様な文化遺産に着目している。第1章「ポーランド・チェコのルネサンス要塞都市における超時空的考察――ザモシチ、オロモウツ、テレジーン」（根本敏行）は中世からの歴史的都市や要塞都市、第2章は中世から操業を続けてきた岩塩坑の産業遺産、第3章は近代の外国資本による炭坑・製鉄の産業遺産、第4章はナチス支配がもたらした「負の遺産」、第5章「社会主義時代の集合住宅遺産――カール・マルクス・アレーとポルバを中心に」（四方田雅史）は社会主義時代の遺産を中心に扱っている。ここでは、マイノリティー、街並み、観光、産業遺産、「負の遺産」などがキーワードであり、全体として近年の文化遺産の様々な側面を紹介している。

第6章以降では、文化遺産・文化資源と隣接分野とが組み合わされた領域に焦点を当てている。第6章「ドイツ映画〝文化遺産〟のリメイキング――「メディア都市」バーベルスベルク」（加藤裕治）はメディア（特に映画）との関係を、第7章「産業遺産と商業・芸術文化施設の邂逅――ポーランド・ウッチとカトヴィツェの例から」（根本敏行）では文化遺産とアートや文化政策との関連を、第8章「ポーランド建築紀行――ワルシャワ・グダンスク・ポズナン」（海野敏夫）では近・現代建築ツーリズム、そして近代産業建築のリノベーションのあり方を、第9章「デザインの視点から見た東欧（ポーランド）」（峯郁郎）ではデザイン・ツーリズムを扱っている。

この後半部は通常のガイドブックではほとんど扱われない領域だろう。しかし先に述べたように、メディア、文化政策、建築、デザイン、観光といった隣接領域からの影響を受けているホットなテーマであることに間違いはない。その意味で、本書は新たな視角から旅の方法を提案しているといっていい。

本書を読んでこのような領域にも関心を持ったならば、新たに得た視点から実際に中東欧に旅行するもよし、日本やほかの外国を旅してみるもよし。旅や観光の新しい楽しみ方を発見していただけたら、執筆者一同幸甚である。

第1章　ポーランド・チェコのルネサンス要塞都市における超時空的考察
――ザモシチ、オロモウツ、テレジーン

根本敏行

はじめに

本章では、ザモシチ（ポーランド）、オロモウツ、テレジーン（チェコ）[1]の三都市を取り上げて紹介する。この三都市には一見すると直接の歴史的・地理的関係はほとんどないのだが、いずれもいわゆる星形を特徴とするルネサンス要塞都市[2]として建設されているとともに、現在は、ユネスコ（国連教育科学文化機関）世界遺産など地球規模で見て重要な歴史的遺構が残る街である。

このなかでも、ルネサンス要塞都市として、ザモシチとテレジーンはほぼ完全に原形を残す数少ない東欧の事例である。オロモウツについては、都市全体の要塞としての形態はその後の都市化で崩れていて、現在ではところどころ部分的に稜堡（三角形の突端部）など城壁や外塁が残されている状況になっている。

また、ザモシチとオロモウツはユダヤ人居住地区やシナゴーグといった歴史的建造物を残している。ポーランドは、ドイツやロシアの影響下にない時代には、基本的に欧州のなかでもユダヤ人に対して最も寛容な国で、多

くのユダヤ人が居住していた。ザモシチを建設した大宰相ヤン・ザモイスキ（後述）は、ユダヤ人などの社会的弱者の保護に貢献した中心的人物である。ザモシチはユダヤ人虐殺の舞台となったマイダネク強制収容所にも近く、第二次世界大戦の負の歴史も残る。チェコにも、ポーランドほどではないが歴史的に多くのユダヤ人居住者がいて、オロモウツにはチェコでも最初期のユダヤ人の定住の遺構が残されている。ドイツ国境に近いテレジーンは、ナチス占領下で都市全体がユダヤ人の収容所や刑務所として転用されていた歴史を持つ。ナチス占領下やそれ以前のハプスブルク帝国時代には「テレージエンシュタット」と呼ばれていた。歴史的に貴重なルネサンス要塞都市の形態は都市を外敵から防御するためのものだが、テレジーンでは逆に強固な城壁や外塁、空堀などが都市内部にユダヤ人を閉じ込めるための装置と化していた。城壁にうがたれた銃眼は、外敵を撃退するためではなく、逃亡者を監視して射殺するためのものになっていたのである。このように、くしくもナチスの暴虐の下でテレジーンとザモシチはつながる。

これらの都市は貴重な文化財や歴史的遺構、またユダヤ人の歴史の光と影の部分を現代に伝え、ユネスコ世界遺産や戦禍の負の遺産も含めた野外博物館としての機能を発揮している。そのため現在、観光や生涯学習のための場としても注目すべきものになっている。本章ではルネサンス要塞都市という背景を概括しながら、現在の遺構の状況について紹介したい。

1　ルネサンス要塞都市

星形要塞

十六世紀なかごろ（一五三〇―四〇年代）から、イタリアを発祥とし、日本では江戸時代末期に建設された函館の五稜郭にも見られるような星形の外形を特徴とする要塞都市が欧州各地に作られた。これらの要塞都市は、イタリア式築城術、稜堡式城郭、あるいはこの様式を洗練させた十七世紀後半のフランスの建築家セバスティアン・ル・プレストル・ド・ヴォーバン（ルイ十四世の技術顧問）の名前からヴォーバン様式とも呼ばれている。

それ以前から、中世の欧州都市の多くは都市の外周を城壁で囲っていたが、それらは弓矢や刀剣、せいぜい石などの投擲や丸太による突撃を防げばよかったため、石やレンガを積み、敵兵が越えられないように垂直に高い壁を作るものだった。そして要所には見張りや攻撃のための一段と高い櫓を配したが、これは城門、城壁上への階段室や兵器庫を兼ね、死角をなくして見晴らしをよくし、構造的にも丈夫なものとするために円形や正方形の断面の塔の形態をとった。この城壁と櫓（塔）の組み合わせは、中国の万里の長城や日本の城郭でも基本的には同じ発想である。

これら中世式の城壁都市は、十五世紀終盤から十六世紀にかけて、鉄砲や大砲など火砲で武装したフランスがイタリアに侵攻する時代になると弱点を露呈する。一つは垂直の防壁で、大砲の直撃弾による破壊を防ぎきれない。そこで防壁を低くしてその前面に土塁を積んで法面を形成して分厚くしたり、壕を挟んでさらに外側に掩郭《えんかく》を追加するといった工夫をおこなった。

一方、円筒形や四角柱状の櫓（塔）は、防壁が屈曲する頂点に設けられるのが普通で、隣接する塔から鉄砲で狙う場合に塔の足元に「死界（デッドスペース）」あるいは死角を作ることになる。そこで、防壁の折り目にある塔を三角形の角を持つ「稜堡」として形成することによって死界をなくした。さらに隣接する多方向の塔から相互に援護射撃が可能なようにこれらが同じ中心から放射状に展開する、いわゆる「星形」の要塞が形作られることになる。

都市の内部構造についても、路地が入り組んだ中世都市の様相ではなく、整然と区画された街路（ザモシチやテレジーンなど）や、中心の広場から放射状に広小路が展開する幾何学的なデザインとなる。

例えばイタリアのパルマノーヴァ。[3] 十六世紀末にヴェネツィア共和国の軍事拠点として建築家ヴィンチェンツォ・スカモッツィ（アンドレーア・パッラーディオ[4]の後継）によってデザインされた。中心の広場から外周のすべての城門と稜堡に向けて放射状に道路が作られていて、中心の一点から都市のすべての様子が観察できる「パノプティコン」の形態になっている。これは、外部からの攻撃だけでなく都市内の不穏な動きをも監視できる構造で、今日でも刑務所の設計に使われている。防衛上の利点だけではなく、次に述べるように結果として非常に人工的・数学的・理性的な形態でもある。

理想都市

星形要塞は、単に防衛上の合理性だけではなく、形態的にも美しく印象的で、かつ力学的なバランスや対称・相似といった物理学・数学、そして生物の微細構造あるいは宇宙の秩序をも連想させる象徴的なものである。それは、大聖堂を中心として自然発生的な路地（カオス）が密集する中世までの都市の形態と異なり、人間の理性と哲学によって世界を再構築しようとしたルネサンスの精神にも合致するものだった。神と『聖書』を世界の原理とする中世から、それ以前のギリシャやローマの「古典」に戻って再出発したルネサンス（文芸復興）では、古典的な哲学や数学的秩序が再発見され、例えばプラトンの『国家』に見られる人体・魂・階級の三分説などがデザインにも影響した。理性でデザインされた理想都市の造形は、宇宙（マクロコスモス）と人間（ミクロコスモス）との間で両者を仲介する中間的コスモスとしての都市のあり方が構想されたものと見ることができる。その幾何学的デザインの特徴は同じくコスモス（宇宙）の哲学的解釈に基づいて描かれたチベットの曼荼羅や中国の八卦にも通じるものである。ルネサンス最初の建築理論となる『建築論』を著した建築家レオン・バッティスタ・アルベルティは、そのなかでルネサンス理想都市の形態を「理知的社会の建築的表現」としている。

こうした数学的ないし力学的形態は、古代ギリシャの都市国家「ポリス」の列柱・回廊などの造形、古代ローマが得意としたアーチに基づくドームやヴォールトといったダイナミックな力学構造にも通じるところがあり、まさに中世のゴシック様式から脱して古典古代を参照したルネサンスに合致する造形だった。

また、古代ローマのアウグストゥス帝の時代に書かれたといわれるマルクス・ヴィトルヴィウスの『建築十書』がスイスのザンクト・ガレンの修道院で発見、再評価され、ルネサンス期の都市デザインに大きな影響を与えた。そのなかでヴィトルヴィウスは、あるべき都市の姿について「敷地は防衛を目的に頑丈な城壁で囲み、塔で補強すること。城壁の形は敵をどこからも見通せる円形とし、塔も円形か多角形で城壁の外側に張り出すように建てること」とし、放射状街区を持った正八角形の理想都市案を示している。これを受けて初期ルネサンスの建築家アントニオ・アヴェルリーノ・フィラレーテは一四六〇年、ミラノのルドヴィコ・イル・モーロ・スフォルツァ公の命で、欧州で最初と考えられる円形と正八角形の対称形の理想都市「スフォルツィンダ」のデザインを自身の『建築論』のなかで提示した。一五五六年には、ダニエーレ・バルバロが建築家パッラーディオのイラストを付けたヴィトルヴィウスの注釈書を出版。これに触発されてフランチェスコ・ディ・ジョルジョ・マルティーニは『建築論』を、前述したスカモッツィは一六一九年にヴェネツィアで自身の著書『普遍的建築の理念(L'Idea dell' Architettura Universale)』を出版したが、それぞれ円形の理想都市を論じていて、特に後者はルネサンス期の建築理論の集大成とされている。

そもそも「建築家」という職能が誕生したのがルネサンス期である。それまで建物や土木構造物は、石工の親方と徒弟、あるいは大工の棟梁と見習いのような無名の職人集団によって作られてきていて、特定の個人名を冠した「デザイン」が認知されることはまれだった。建築家の語源のギリシャ語アルキテクトーンももとは「職人の頭」という意味だった。ルネサンス期には、レオナルド・ダ・ヴィンチのような芸術家と建築家とエンジニアが混然一体になった創造的人材が登場し、さらに建築に特化したパッラーディオらが「建築家」として認知されるようになる。彼らが、古代から「発掘」されたヴィトルヴィウスなどの建築の理論を、実現可能な形で実体化しようと試みたのである。

絵画では、ラファエッロの生地ウルビーノのマルケ国立美術館にある『理想都市の景観』が有名で、十字架を頂く円形の神殿を中央に古典様式の建築物群が広場を囲んでいて、都市内部の意匠の原型あるいは象徴と見ることができる。

こうした防衛上の要請、都市の権力構造、ルネサンス精神が混然一体となった理想都市の造形は、ダ・ヴィンチやミケランジェロを含むイタリアの建築家や芸術家によってより洗練された都市デザインに仕上げられ、その後も欧州全域に普及し、近世では幕末の五稜郭など遠く日本にまで伝わったのである。

2　ザモシチ（Zamość）

ザモシチの概要

人口約六万人強のザモシチは、ポーランド南東部・ルブリン県に一五八〇年に設立された（憲章によって都市権を授権された）典型的なルネサンス星形要塞都市である。ポーランドに残る星形要塞としては、ザモシチのほかコジレ、ボイエン、ポズナン、クシシュトプル城、クウォツコ、セブルノグルスカ、ニサ、グダンスク外港などがあるが、なかでもその特徴的な形態を最もよく残している都市である。また、都市形態だけではなく、城壁内の歴史的市街地も文化財としての価値が高く、「ザモシチ旧市街」は一九九二年にユネスコの世界遺産に登録されている。美しい都市の造形は、モデルとなったイタリア都市の名を冠して「北のパドヴァ」とか「ルネサンスの真珠」などと呼ばれた。

ザモシチは、東西欧州の十字路とも呼ばれるポーランドにあって、特に西欧と黒海を結ぶ東西軸とバルト海と南東欧を結ぶ南北軸の結節点となる交通の要衝であり、ルブリン合同後のポーランド＝リトアニア連合王国（共和国）の中心に位置する。

ザモシチという名称は、都市の建設を指示したヤン・ザモイスキ（ポーランド＝リトアニア連合王国〔共和国〕のマグナート：大貴族）の名前に由来する。フィラレーテが設計したイタリアのスフォルツィンダが、建設を命じたミラノのスフォルツァ公の名前を冠しているのと同様だが、ザモイスキはただの権力者ではなく、はるか近・現代の時代を先取りするようなリベラルで開明的な名宰相だった。

ザモイスキは、この通商上・政治上・軍事上の重要拠点に、自身が若いころ留学し、その機能とデザインに感銘を受けたイタリアのパドヴァの街並みを持った理想都市を建設すべく、ルブリン合同の一五六九年にパドヴァから建築家ベルナルド・モランド（またはベルナルディーノ・モランディ。Bernardo Morando、一五四〇？―一六〇〇）を招聘し、七八年に都市設計の契約を結ぶ。

モランドは要塞都市の設計だけではなく、一五八七年から九四年にかけてルブリン門、兵器庫（アーセナル）、ザモイスキの宮殿をはじめ、市庁舎や教会などルネサンス様式の建物群を設計し、中産階級向けの住宅やザモイスキ・アカデミー、その他の教会の建築を監督した。都心の広場には、八五年から移住してきたアルメニア商人が住んだカラフルな建物が並び、イタリア風のアーケードとオリエント風の装飾が見られる。市役所に隣接したアルメニア風のレストランも観光客を集めている（写真1）。

写真1　アルメニア・レストラン

主要な歴史遺産

①外構（要塞、堡塁など）（写真2）

七つの稜堡、三つの門、堀などが残るが、一八六六年にはほとんどの堡塁は老朽化して壊されていた。その後東側の二つのバスチオン（稜堡）やモランド設計の旧ルブリン門などが修復された。修復された「第七バスチオン」内部は博物館で、当時の武器や軍服、街の様子のジオラマ、屋外展示など内容が充実している。

写真2　ザモシチ　堡塁

②市役所

モランドの設計で、ルネサンス様式にバロック様式が複合された市を象徴する建物（写真3）。

③聖カタリナ大聖堂

一六八〇年から八六年にかけて建てられたバロック様式の大聖堂。ヴェネツィア派のティントレットの祭壇画がある。第一次世界大戦中は軍用の倉庫に転用されたが、一九一八年の独立後は劇場に転換、さらに二二年に教会に復元・改装されて今日に至る。地下にはザモイスキの遺骨が納められている（写真4）。

④アーセナル（兵器庫博物館）

写真3　ザモシチ　市役所

写真4　ザモイスキ　墓所

写真5　アーセナル（兵器庫博物館）

モランドの設計による旧兵器庫を使った博物館。数々の戦禍を潜り抜けてきた要塞と都市の歴史をテーマとし、数々の戦闘の様子や当時の武器類が展示されている。道路を挟んで対面には地下空間を使った増築がおこなわれ、十九世紀以降の近代戦争をテーマに、戦車や航空機を含む多数の実物の武器が展示してある。調査時点では発掘された遺構の拡張工事中だった（写真5）。

⑤シナゴーグ

ザモシチ・カハウ・シナゴーグは、一五八八年にザモイスキがユダヤ人の市内居住に合意したときに建てられたものである（写真6）。

3　オロモウツ（Olomouc）

オロモウツの概要

チェコのオロモウツは人口約十万人、チェコで五番目の都市で、二〇〇〇年登録の世界遺産「聖三位一体柱」など文化財の数では首都プラハに次いで二番目に多い。ドイツの影響下ではオルミュッツ（Olmutz）とも呼ばれた。

歴史的に長い間モラヴィアの中心都市（モラヴィア王国あるいは同辺境伯領の首都）であり、なかでも肥沃なハナー地方の中心として栄えた。

モラヴィア正教会の中心地でもある。前述のように、チェコに残るルネサンス要塞都市としての外構を残すほか、旧市街にはロマネスク、ゴシック、ルネサンス、バロックなどあらゆる時代の様式の建物が並び、広場や噴水などと合わせて記念物保護指定都市に定められている。

チェコに残る星形要塞としては、オロモウツのほか、ヤロムニェルシのヨゼフォフ要塞、後述するテレジーン、フラデツ・クラーロヴェーがあるが、ヨゼフォフとテレジーンがほぼ完全な姿を残し、ほかはおおむね解体されて部分的な遺構を残すだけである。

地方の拠点都市として博物館、劇場、モラヴィア・フィルハーモニー、広大な公園や各種スポーツ施設など多くの文化施設や機能が集まっている。また、一五七六年に創設されたパラツキー大学（フランチシェク・パラツキーにちなむ）は首都のプラハ大学（カレル大学）に次いで歴史があり、約二万人の学生が学ぶ大学都市でもある。さらに、毎年開催される花の博覧会FLORAでも有名である。

主要な歴史遺産

①オロモウツ要塞（フォルト）

オーストリア帝国時代に完成した要塞システムは、中央ヨーロッパで最大規模のものである。

十九世紀以降の都市開発に伴って多くが解体撤去されたが、堡塁・稜堡の一部（ベズルッチ公園内など）、パラフ広場にあるテレジア門（ローマの凱旋門のデザイン）やテレジア兵器庫（パ

写真6　ザモシチ・カハウ・シナゴーグ

ラッキー大学内）、王冠の塞、火薬庫といった軍事施設が残り、修復されて見学コースも作られている。写真7は今日も残るヴァーツラフ大聖堂の裏手の城壁である。また、旧イエズス会セミナリオ跡には中世十四世紀のユダヤ人ゲットーの入り口「ユダヤ人の門」が要塞化された遺構の一部として残っている。

写真7　オロモウツ要塞　今日も残る堡塁の一部

②ホルニー広場

旧市街の中心広場で、市役所の建物と世界遺産の聖三位一体柱（写真8）が有名である。市庁舎は最初一三七八年に建てられたが、十五世紀から十六世紀にかけてルネサンス様式の増改築がおこなわれ、現状は一九五五年に改修された姿。塔の基壇には仕掛け時計「天文時計」（写真9）があって観光名所だが、共産党時代の五五年の修復で社会主義風に労働者のモザイク画が追加された。民主化後に元の図柄に戻すことも検討されたが、現状維持となった。聖三位一体柱は高さ三十五メートルのバロック様式で一七一六年から五四年に建設された。ペスト終焉を記念したものだが、同種では比類のないものとして世界遺産となった。広場には三つの噴水があるが、ヘラクレス噴水が最も古く（一六八八年）、カエサル噴水は都市建設の伝説にちなむもの、アリオン噴水は神話をモチーフとして二〇〇二年に作られた。

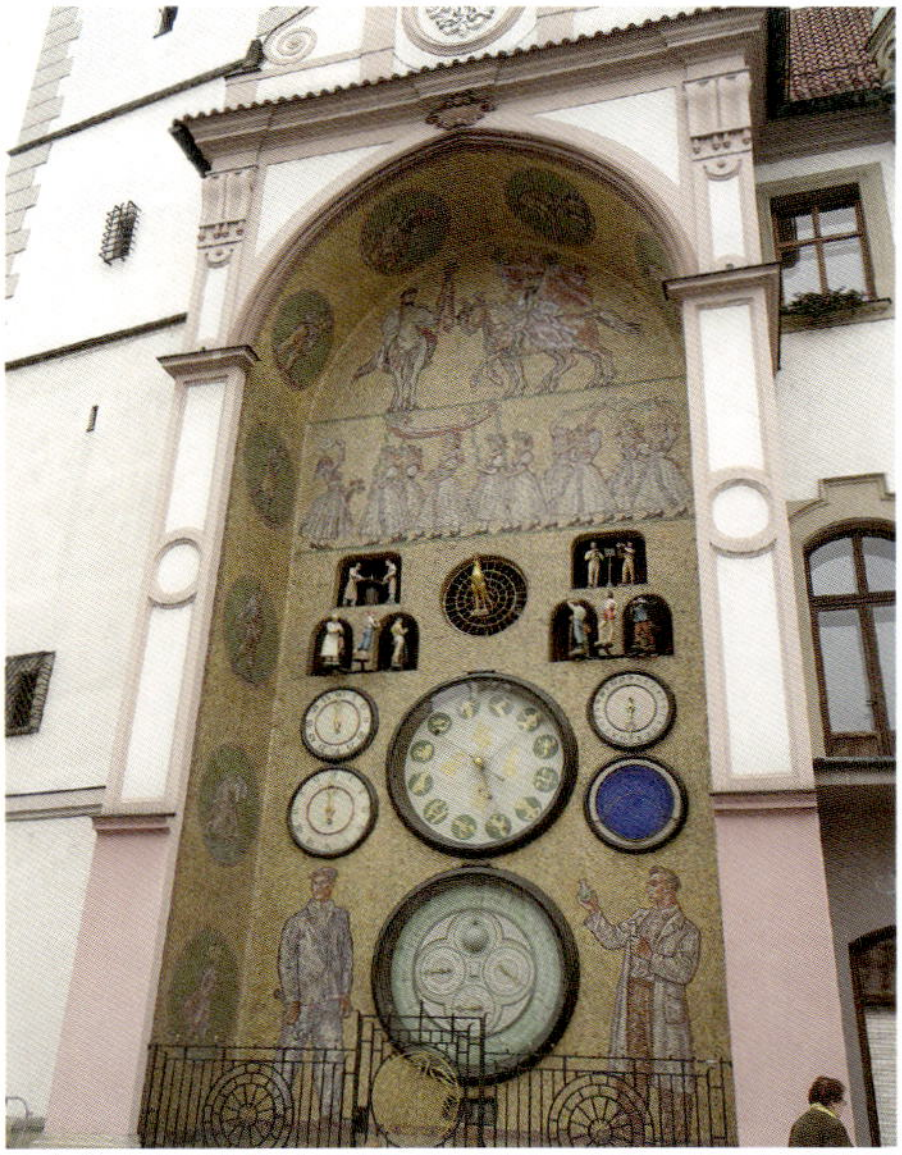

写真9　天文時計　下部に労働者のモザイク画

写真8　聖三位一体柱

写真10　モラヴィアの民族衣装

二〇一五年九月の調査時点では、豊かなハナー地方らしく、広場には近隣の農家や工房からの土産品、その年のワインの新酒などの屋台が出ていて、モラヴィアの民族衣装の観光ガイドも見られた（写真10）。

③聖ヴァーツラフ大聖堂

一一〇九年にロマネスク様式で建てられ、一八八三年から九〇年に尖塔が追加されて高さ約百メートルのネオ・ゴシック様式となる（写真11）。隣のプシェミスル宮殿は大司教区博物館になっている。
ちなみに博物館のカフェの名前は、モーツァルトにちなんで「アマデウス」である。

写真11　聖ヴァーツラフ大聖堂

4　テレジーン（Terezín）

テレジーンの概要

ドイツ語では「テレージエンシュタット（Theresienstadt）」、「テレジアの街」の意味。首都プラハの北西約五十六キロ、チェコ・ドイツ国境に近く、ドイツのドレスデンとプラハを結ぶ幹線道路の途中にあり、現在の人口は約三千人の小規模の町である。

写真12　テレジーン堡塁

一七八〇年、オーストリア帝国皇帝ヨーゼフ二世によってプロイセンからの侵攻を防ぐための要塞都市として建設され、共同統治者である母マリア・テレジアの名を冠した。オフルジェ川を挟んで大小二つの星形要塞があり、ほぼ完全なルネサンス星形都市の形を残す数少ない事例である（写真12）。ナチス時代には「大要塞」はユダヤ人強制収容所、「小要塞」はゲシュタポ(5)の刑務所に転用された。一九四一年十一月二十四日から四五年四月二十日までの間、約十四万人以上のユダヤ人が収容され、うち三万四千三百九十六人がここで死亡、約八万八千人はここからさらに別の場所へ移送された。大要塞はゲットーと呼ばれたが、実態は中継収容所である。

テレジーンがほかのあまたの収容所とは異なり、ユダヤ人虐殺の実態から目を逸らすために文化的な活動を装って都市全体で壮大なプロパガンダの隠蔽工作をおこなったことは特筆に値する。

先述したように、テレジーンで特筆すべきなのは、この地が第二次世界大戦中、ドイツ外の一部では「楽園ゲットー（Paradise Ghetto）」とも呼ばれた地であることだろう。実際、当初は収容された「特権的ドイツ系ユダヤ人」はなかに著名人や重要人物が含まれていたためにある程度保護されていたことと、その後の世界を欺く壮大な隠蔽工作のためでもある。

第二次世界大戦中、すでに連合国側にはユダヤ人の虐待や虐殺の情報が伝わり、イギリスのラジオ放送などで広まっていた。一九四二年十二月十八日には亡命チェコ政府を含む連合国十二カ国から非難の声が上がった。また四三年十月にはデンマークから移送された四百六十六人のユダヤ人に関して、デンマーク国王クリスティアン十世からの強い査察要求がきっかけとなり、国際赤十字の査察がおこなわれることになったのである。

そのためドイツは、査察の半年以上前の一九四三年終わりごろから、ゲットーの実態を隠蔽してユダヤ人の待遇がいかにいいかというプロパガンダを拡散する準備を始めていた。

査察前、中央広場は柵で囲まれ大きなサーカス・テントが張られて箱づくりの作業場になっていた。これらは査察前に撤去されて草花が植えられ、野外音楽堂も作られた。中央広場に面する建物には銀行や売店（中古衣料などを売る）、音楽が聴けるカフェなどが作られて、きれいに模様替えされた。現ゲットー博物館の対面の都市公園には児童公園が作られ、いちばん美しい噴水公園を含む四つの公園すべてが開放された。郊外の脳炎患者収容施設は、社交クラブと図書館、シナゴーグに改装。十八世紀以来の古い兵舎の建物は内外とも美しく改装された。死亡したユダヤ人の火葬場の近くには霊安室、斎場、遺灰収納所、墓石が整備されたのである。

また一九四三年七月からは、ここが通常のゲットーであって強制収容所ではないという印象を与えるために住所を「テレージエンシュタット・ゲットー」あるいは「テレージエンシュタット・ユダヤ人入植地」とし、住居表示を数字と記号から通り名や建物名に変更した。そして、前述したように過密状態が露見しないよう多数のユダヤ人が事前にアウシュヴィッツに送られた。

一九四四年六月二十三日、ゲットーはデンマーク政府代表二人とスイスの国際赤十字社からの二人の査察団に公開された。査察団を歓迎して欺くために、一週間にわたって文化イベントが開催された。査察当日には広場でサッカーの試合がおこなわれ、収容者で編成されたオーケストラの演奏や収容者の子どもオペラの公演がおこなわれた。ジャズは劣等人種の退廃音楽として禁止されていたにもかかわらず、野外音楽堂ではゲットースウィンガーズと呼ばれるジャズバンドが演奏した。同年、映画『総統がユダヤ人に贈り物として街をくださった（Der Fuhrer schenkt den Juden eine Stadt)』も作られた。その結果、査察団はまんまと欺かれて、ドイツにとってきわめて好意的な報告をもたらすことになった。

今日、収容者らが残した楽曲はアルバムとして販売され、音楽会も開かれている。チェコのユダヤ人が作曲した子どもオペラ（Brundibar：口語でマルハナバチ）も地域の子どもたちが引き継いで演じている。また、虐殺された子どもたちが残したたくさんの絵が貴重な記録として保存されている。

写真13　小要塞前の国民墓地

現在、小要塞全体はテレジーン記念館となっていて、手前には一九四五年九月に国民墓地（写真13）が設立され、刑務所、ゲットーとリトムニェジツェ強制収容所の犠牲者約一万人が埋葬されている。

一方、テレジーン大要塞ではEUの補助金を得て博物館などの整備が進んでいる。新しい展示はもっぱら十八世紀の帝国要塞都市建設のころを伝えるもので、小要塞が完全に反ナチス色で染め上げられているのに対し、ナチスの「負の遺産」ばかりではなく美しい都市の遺構を見てくれ、と訴えているようだ。

おわりに

以上、ザモシチ、オロモウツ、テレジーンを取り上げて、あらためて文化政策と文化芸術の創造性に思いを馳せた。

いずれも、ルネサンスという文化芸術の創造性が大きく開花した時期に、意図的・象徴的に作られた三都市である。それが、その後のユダヤ人の虐待の文脈のなかで新たにつながりを持つことになった。特に外敵の防御としての都市の城壁が、逆に収容所や刑務所として閉じ込める機能を担ったことは皮肉である。ナチスの文化芸術を手段とするプロパガンダは、反面教師として政府の文化への直接介入をよしとしない今日の西側先進国の文化政策の出発点となった出来事である。これも、本来は市民の生活を豊かにするはずの文化芸術が、悪意を持って人を欺く手段として使われたものだった。

いずれも、文化政策を担う人間のありようによっては文化財が光にも影にもなるということである。また欧州の歴史のなかで、ルネサンスというレジームの転換期、あるいはヴェネツィアやポーランドなどでユダヤ人にも寛容な多文化共生政策がとられた時代には、多様な人材が多彩な能力を発揮している。創造都市論でいわれているように、自由で伸び伸びとした寛容性こそ文化の創造の源泉なのである。

注

(1) チェコ共和国。以下、チェコと略記する。

(2) 要塞都市、あるいは城塞(シタデル)都市。

(3) パルマノーヴァはイタリア語(Palmanova)で「新パルマ市」の意味。フリウリ゠ヴェネツィア・ジュリア州にある人口約五千五百人の都市に、キプロス戦争、レパントの海戦などを記念して一五九三年から三十年かけてヴェネツィア共和国の軍事拠点として作られた。

(4) 本名はアンドレーア・ディ・ピエトロ・デッラ・ゴンドーラ (Andrea di Pietro della Gondola)。一五〇八年十一月三十日—八〇年八月十九日。ルネサンスを代表する建築家の一人。ヴィトルヴィウスの『建築十書』にも通じ、ヴィチェンツァなどイタリア北部に多くの作品を残す。「ヴィチェンツァ市街とヴェネト地方の別荘群」は一九九四年に世界遺産に登録(一九九六年に拡張)。

(5) ゲシュタポは秘密国家警察ゲハイメ・シュターツポリツァイ (Geheime Staatspolizei) の通称。一九三九年九月以降は親衛隊(SS)の一組織で警察機構を司る国家保安本部に組み込まれた。

(6) ドキュメンタリー映画『ナチス、偽りの楽園——ハリウッドに行かなかった天才』(監督・脚本:マルコム・クラーク、二〇〇三年)には、ゲロン自身の生涯、当時の記録映像のほか、残されたプロパガンダ映画の一部が編集されている。

参考文献・ウェブサイト

マーチン・ギルバート『ホロコースト歴史地図——1918~1948』滝川義人訳、東洋書林、一九九五年

川端香男里『ユートピアの幻想』(潮新書)、潮出版社、一九七一年

栗原優『ナチズムとユダヤ人絶滅政策 ホロコーストの起源と実態』(Minerva西洋史ライブラリー)、ミネルヴァ書房、一九九七年

中嶋和郎『ルネサンス理想都市』(講談社選書メチエ)、講談社、一九九六年

薩摩秀登『図説 チェコとスロヴァキア』(ふくろうの本)、河出書房新社、二〇〇六年

薩摩秀登編著『チェコとスロヴァキアを知るための56章』(エリア・スタディーズ)、明石書店、二〇〇三年

芝健介『ホロコースト——ナチスによるユダヤ人大量殺戮の全貌』(中公新書)、中央公論新社、二〇〇八年

渡辺克義編著『ポーランドを知るための60章』(エリア・スタディーズ)、明石書店、二〇〇一年

「地球の歩き方」編集室編『チェコ ポーランド スロヴァキア』ダイヤモンド・ビッグ社、二〇一五・二〇一六年

「チェコ共和国」(http://www.scrapbookpages.com/CzechRepublic/index.html)［二〇一八年一月七日アクセス］

「ザモシチ郷土博物館」(http://www.zamosconline.pl/text.php?id=1842&rodz=opoz)［二〇一八年一月七日アクセス］

［付記］本章は根本敏行「ポーランド・チェコのルネッサンス要塞都市における超時空的考察――ザモシチ・オロモウツ・テレジーン」(海野敏夫／藤田憲一／加藤裕治／峯郁郎／根本敏行／四方田雅史／静岡文化芸術大学産業遺産研究会『「旧東欧地域における文化遺産の保全と利活用に関する研究」報告書――二〇一五年度静岡文化芸術大学学長特別研究費』所収、静岡文化芸術大学産業遺産研究会、二〇一六年)の一部を、加藤裕治が再編成した。

第2章　ヴィエリチカ岩塩坑の産業遺産と観光

藤田憲一

本章では、ポーランドのヴィエリチカ岩塩坑（Kopalnia Soli Wieliczka）の内部の構造物や展示物を紹介し、その産業遺産としての意義や観光資源としての利活用について述べる。

1　ヴィエリチカ岩塩坑の概要

ポーランドのヴィエリチカ岩塩坑は、一九七八年にユネスコ（国連教育科学文化機関）の世界遺産（文化遺産）の最初の登録がおこなわれた際に、十二の施設のうちの一つに選ばれた、最古参の世界遺産である。

ヴィエリチカは、ポーランド共和国の南央部のマウォポルスカ（Małopolska）県に位置している。古都クラクフ（Kraków）から南東に十キロほどのところにある。

古くから塩は料理の味付けのため、また食材の保存のために欠かせないものだった。内陸部では塩を手に入れるのが難しく、そのために塩は非常に高価だった。ピアスト朝（九六〇年ごろ―一三七〇年）とヤギェウォ朝（一

写真1　ヴィエリチカ岩塩坑　ダニウォヴィチ・シャフトの地上部が見える（2013年8月28日筆者撮影）

三八六―一五七二年）の時代には、塩で得られる収益が国家歳入のほぼ三分の一を占めたほどである。しかし、十七世紀に入り、クラクフからワルシャワに事実上都が遷されたこともあって、岩塩坑は衰退し始めた。

　コスト高や坑内の浸水の危険などの理由で、一九九六年にヴィエリチカ岩塩坑では商業採掘は打ち切られたが、土産用岩塩などは、いまでもほそぼそながら採掘されている。

　ヴィエリチカ岩塩坑は一九八九年に危機遺産リストに載せられた。換気装置の不備によって湿気がたまり、岩塩製のモニュメントが傷んだからである。ただし、その後、換気装置が据え付けられて坑内の湿度が適切に保たれるようになったため、九八年には危機遺産リストから脱することができた。現在は観光資源として活用され、年間百万人以上が訪れている。

　ヴィエリチカ岩塩坑の内部を見てみよう。ツーリスト・ルート（tourist route）は、ダニウォヴィチ・シャフト（the Danilowicz Shaft）から降りていくようになっているが、地下坑内はアリの巣のような構造になっていて、二十二の間（chamber）が坑道（gallery）でつながっている。ルートの全長は二キロほどであり、ツアーで回ると二時間ほどかかる。最深部は百三十五メートルほどである。

　坑内には、岩塩の鉱脈や、それを採掘するための様々な土木や機械の技術がわかるように展示されている。そのほかに、歴史上または神話・宗教に関わる様々なモチーフを石像に彫って飾っている。国王やコペルニクス、妖精の像、またキリストやマリアの像、そして近時のローマ法王ヨハネ・パウロ二世の像に至るまで、石像の種類は多岐にわたる。地下には大聖堂のような場所（聖キンガ〔St.Kinga〕のチャペル）さえある。それを制作したのは鉱内員たちや鉱山彫刻家たちだが、注がれたエネルギーの膨大さを思うと、驚嘆させられる。

坑内に入るには、あらかじめ入場券を買う。坑内にはガイドと一緒でないと入れない。ルートは、ツーリスト・ルートと地質学ルート（geology route）の二つがあって、すべての人がまずツーリスト・ルートに入る。余裕と関心がある人は、あらかじめ追加料金を払って、地質学ルートをプラスしてチケットを買う。ツーリスト・ルートの客の上限が三十五人、英語で説明するガイドもいる。

地質学ルートの参加者の上限は一グループで十人となっている。こちらのコースの展示は、一般のツーリスト・ルートよりやや専門的なものが多い。

ツアー中に写真撮影ができるタイプのチケットだとさらに追加料金がかかる。料金を払うとカメラ許可のシールをもらえる。

もっとも、ツアーに参加して、歩きながら暗い坑内の写真撮影をすることは実際はなかなか難しい。売店でガイドブックや写真集を購入することができるので、それらを入手しておきたい。

2　ヴィエリチカ岩塩坑の彫像とチャペル

ヴィエリチカ岩塩坑の際立った特徴は、その内部にスケールの大きな彫像や、チャペルなどの宗教施設が数多く彫られていることである。鉱山で働くのは危険と背中合わせだった。実際に事故によって多くの鉱内員が亡くなり、またけがを負っている。こうした危険性のために、鉱内員たちはほかの社会的グループよりも信心深かった。

ずっと以前は、地下に木造のチャペルが建てられ、そこで礼拝がおこなわれていたが、一六九七年に火事でそ

写真2　聖キンガのチャペル　1896年から彫られている（2013年8月28日筆者撮影）

のチャペルが焼失したため、可燃物でのチャペルの設置が禁止されることになった。これによって木造の建造をやめて岩塩に直接彫刻するという伝統が生まれ、その後三世紀にわたってこの手法が保たれてきた。

そうした岩塩彫刻の傑作は、聖キンガ・チャペル（St. Kinga Chapel）だろう。これは、深度百メートルほどのところに彫られた地下伽藍である。一八九六年に設計され、一九六三年にチャペル内の彫刻制作を終了するというのが当初の計画だったが、現世代の鉱山彫刻家たちがいまも彫り続けている。現在は、スタニスワフ・アニオウ（Stanisław Anioł）とそのチームが精力的に制作に当たっている。多くの像や祭壇などが彫られて、それが有力な観光資源になっているのである。

伝説によると、ヴィエリチカ鉱山はクラクフとサンドミエシュ（Sandomierz）の公爵であるボレスワス（Bolesław）とその妻キンガ（Kinga）によって、十三世紀にこの地で発見されたという。そのため、聖キンガ・チャペルという名が付けられているのである。

ハンガリーの王ベラ（Bela）四世の娘のキンガは、マルマロス（Marmaros）の岩塩鉱山の一つを持参金としてもらった。彼女は婚約指輪を坑道に投入した。すると、彼女の指輪は不思議なことに、岩塩鉱床とともにハンガリーからポーランドのヴィエリチカに移動していった。自分がポーランドに着くと、キンガはある場所を指さして、そこを掘るように命じた。彼女の命令に従って鉱夫たちが掘ってみたところ岩塩に行き当たり、その最初の塊のなかに彼女の指輪が見つかった、というのである。そのとき以来、ポーランドでは岩塩が豊富に産出されてきた。

キンガは鉱内員の守り神となり、一九九九年にはポーランド出身のローマ法王ヨハネ・パウロ二世によって列聖された。このことに感謝して、鉱山彫刻家スタニスワフ・アニオウとそのチームによってヨハネ・パウロ二世の像が制作され、聖キンガ・チャペルのなかに設置された。

また、クネグンダシャフト基部（the Kunegunda Shaft Bottom）には、小人＝地の精たち（gnomes）の像が一九六〇年代に設置された。小人たちは、塩という宝を守り、鉱内員たちを助けてくれる友愛的な精霊だと信じられているのである。コンピューターで操作された光、小人たちの声、そして音楽といった仕掛けは、妖精話の愛好者たち、とりわけ年少のビジターを楽しませている。

坑内で働く人たちの安全を守ると考えられている守護霊（Warden）の像も、坑内のいくつかの場所に置かれている。ポニアトフスキ横断回廊（the Poniatowski Traverse）には、ミエチスワフ・クルゼク（Mieczysław Kluzek）らが彫った守護霊が一九六八年に設置された。また、ワイマールの間（the Weimar Chamber）には、二〇〇〇年のハノーファー万国博覧会の展示用にスタニスワフ・アニオウが彫った守護霊が納められている。いずれも岩塩に彫った力感がある像で、表面の粗いタッチが印象的である。

さらに、こうした宗教性・習俗性を帯びたものではなく、近時はこの鉱山に関わった政治家であるカジミェシュ大王や、ここを訪れた歴史上の著名な人々、例えばニコラス・コペルニクス、ウォルフガング・ゲーテ、ユゼフ・ピウスツキ（Józef Piłsudski）将軍などの人物像も制作されて、設置されている。坑内で働く鉱山大工など、労働者の像もある。これらも、観光資源としての意味合いが強い。

3　産業遺産の具体的なアイテム

坑内ツアーで見られる展示のうち、産業遺産として注目されるものを以下に挙げてみる。

焼けた間（the Burnt Out〔Spalone〕Chamber）

この部屋の名称は、ここで起きた火災に由来している。

坑内では、メタンガスによって引き起こされる爆発の危険がある。メタンは空気より比重が軽く、坑道の天井にたまっていく。メタンは空気と混じってある割合になると爆発性の混合物となり、火と接すると爆発する。昔は鉱山の換気の方法がなかったし、むき出しの炎を使うオイルランプが明かりとして使われていたから、とても危険だった。

この危険な気体は、長年それを少しずつ燃やすという方法で取り除かれていた。その作業は経験豊かな保安専門員（Penitents）と呼ばれる鉱内員によっておこなわれた。彼らは濡れた衣服を着て、長い竿の先にたいまつをつけて持ち運び、作業場の床を這って移動した。

シェレツの間（the Sielec Chamber）

この部屋は、十七世紀中葉に赤ブロンズ色の塩の層が採掘されていた跡である。十八世紀には、その下層部分が水であふれた。十九世紀になってやっと安全が確保され、当時のままの形でツーリストのルートに加えられた。

コレクションのうち、とても興味深いのは、地下の通路で塩の搬送のために使われた本物の道具である。なかには、木製のカート（ハンガリアン・ドッグと呼ばれる）やそりなどがある。

数世紀の間、鉱内員たちは掘ったものを人力で運んでいた。純度の高い塩水が樽に詰められ、そりの上に載せられる。一七八〇年代からは、箱やカートが木製のレール（平行に置かれた厚板）の上を押して運ばれた。また、大きなかたまりの岩塩が樽の形に切り出されると、稼働中の巻き上げ機（treadmill）のところまで木製の竿で押していく。一八六一年に、水平輸送はレールウェイのカートによることになった。最初は馬がカートを曳いていたが、一九二〇年代からはバッテリー電気と機関車を利用したものになった。

写真3　保安専門員の像　メタンを燃やして爆発を防ぐ（2013年8月28日筆者撮影）

ピスコヴァ・スカワの間（the Pieskowa Skała Chamber）

ピスコヴァ・スカワの間は、この鉱山の最も美しい場所の一つである。この部屋には、目に見える割れ目がある「塩の櫛（salt combs）」や、多くの空洞と隙間がある。鉱内員たちは塩をたたき落とすために小さなピックアックスを使った。「塩の櫛」、空洞、隙間などは、そのためにできたものである。

この間の中央部分に、小さなクジシュトフォリ・シャフト（the Krzysztofory Shaft）がある。ここには手動の十字型巻き上げ機が置かれている。上の階に塩を持ち上げるための木製道具である。この巻き上げ機は、ツアー参加者が操作して動かすこ

写真4　馬力による巻き上げ機（2013年8月28日筆者撮影）

とができるようになっている。

カジミェシュ大王の間（the Casimir the Great Chamber）

この部屋には、馬が複数頭で回す、大がかりな本物の巻き上げ機が置かれている。これは運動方向を横移動から縦移動に九〇度方向転換する精巧な木製の回転機構を備えたもので、圧巻である。二トンもの塩を上げることができたという。

塩作りの原料としての岩塩または塩水はいずれも重いので、運搬は重労働だった。そこでこれらを運ぶためにこうした運搬手段が用いられてきたのである。なお、ヴィエリチカの坑内から最後の馬が去ったのは、二〇〇二年のことだった。

クネグンダ回廊（the Kunegunda Gallery）

ここには、新石器時代の村の模型（ジオラマ）が作成され、展示されている。この時代のヴィエリチカ村では、塩を蒸発乾燥（evaporation）の方法で製造していた。塩水を土器に入れ、煮詰めて塩の固体を得るというものである。塩水を汲み上げるためには、井戸を掘る必要があった。十二世紀からは、塩水の蒸溜は金属の鍋でおこなうようになった。

岩塩の発見（十三世紀半ば）以降も、蒸発乾燥方式は続けられていた。それが廃止されたのは一七二四年である。そして第一次世界大戦の少し前に、比較的現代的な製塩所で短期間だけ再開された。このときの塩水は、岩塩を水で濾過することで得ていた。二〇〇三年には、地下水を用いる新たな現代的な製塩所が開設された。

写真5　クネグンダ横断廊　塩水の揚水機（2013年8月28日筆者撮影）

クネグンダ横断廊（the Kunegunda Traverse）

この横断廊には、塩水の汲み上げ作業を示している模型がある。木製の管（下の端は塩湖に浸されている）に入った鎖を二人一組の鉱内員が回転させて巻き上げる。その鎖には皮革製の弁（stopper）がいくつも付いていて、それがロザリオに似ているためロザリオ珠（paternoster）という名が付いた。鎖の上昇によって、ロザリオ珠に入った塩水が揚がってくる。このやり方で六十メートルの深さから塩水を汲むことができた。これも産業上の技術として興味深い。

ミハウォヴィツェの間（the Michałowice Chamber）

坑内には、土木・建築の遺構もたくさん残っている。とりわけ、掘った後の空洞を崩壊から防ぐための巨大な木組みには圧倒的な迫力がある。この部屋に築かれた丸太の（あるいはその束の）木組みは、白く塗られた大きな神殿のような構造物になっている。同ユゼフ・ピウスツキの間（the Józef Piłsudski Chamber）にも、同

写真6　ミハウォヴィツェの間　巨大な丸太の構造物とシャンデリア（2013年8月28日筆者撮影）

様の巨大な木組みの構造物が築かれている。これらは実用的なものだが、同時に一種の芸術性をも感じさせる。

ヴィトルト・ブドリクの間（the Witold Budoryk Chamber）

この部屋は、赤いブロンズ色の塩の鉱床を採掘した結果としてできたものである。その名前は、クラクフの鉱山冶金大学の教授の名前にちなんで付けられた。

ツーリスト・ルートを二キロほど歩いた後、ビジターはこの部屋のなかで休息し、軽い食事を取ることができる。食堂では、ヴィエリチカ岩塩坑のラベルを貼ったビールも販売されている。

地質学ツアー（geology tour）

ヴィトルト・ブドリクの間で休憩を取った後、あらかじめチケットを買っておいたツーリストは、ガイドとともに地質学ツアーに出かけることになる。ここにも様々な部屋や回廊がある。展示の内容は、鉱石、土木や冶金、輸送の技術などである。目を引くのは、地表からロープにぶらさがって入坑する鉱内員たちの模型である。これは「悪魔の乗り物」と呼ばれている。階段を降りていくよりもこちらのほうが入坑時間の節約になるが、危険なので熟練の職人だけに許されていたという。

このツアーを終えると、入坑したシャフトとは別のレジス・シャフト（the Regis Shaft）に出る。両方のコースで合計三、四時間という長時間の地下ツアーから地上に戻ると、解放された気持ちになる。いまでは坑内は観光客のためにそれなりの照明で照らされているが、かつては乏しい明かりの下で事故の危険も抱えながら働かなければならなかった。鉱内員たちの肉体的・精神的な労苦がしのばれる。

写真7　ヴィエリチカのブランドのビール（2013年8月28日筆者撮影）

4　岩塩坑の観光資源としての役割

ヴィエリチカは、産業遺産として重要であるだけではなく、教育（子どもたちの見学など）・食事（レストランなど）・宗教（ミサなど）・イベント（コンサートなど）・医療（ぜんそく治療など）といった多くの用途に応える施設としての役割を果たしている。また、ツアーコースには緑色の塩湖がいくつかあって（エラズム・バロンチの間〔the Erazm Barącz Chamber〕やワイマールの間〔the Weimar Chamber〕など）、見た目に映える。こうした複合的な目的を持った観光施設として、一年間で百万人を超える集客力を有しているのである。

ツーリスト・ルートは、これまで車いすの人のニーズに合わせて改修されてきた。改修部分には、聖キンガ・チャペル、聖十字架チャペルなどの最も魅力がある場所が含まれている。こうして、いまではハンディキャップがある人も地下の採掘場を訪れることができるようになった。バリアを下げる対応として、意義深い。

参考文献

WIELICZKA HISTORIC SALT MINE Tourist Guide (English version), 2010.
Janusz Podlecki, WIELICZKA HISTORIC SALT MINE (English version), 2012.
伊東孝之／井内敏夫／中井和夫編『ポーランド・ウクライナ・バルト史』（新版世界各国史）、山川出版社、一九九八年

［付記］本章は、拙稿「ヴィエリチカ岩塩坑Vieliczka Salt Mine（ポーランドの世界遺産）――その産業遺産としての意義」（「静岡文化芸術大学研究紀要」第十五巻、静岡文化芸術大学文化・芸術研究センター、二〇一四年）を整理・再編したものである。紀要論文にはより多くの写真を収載しているので、そちらも参照していただけるとありがたい。インターネットでも検索できる。

第3章　中東欧の近代産業遺産
——オストラヴァの産業遺産を中心に

四方田雅史

はじめに

本章では中東欧での近代の産業遺産として、チェコ共和国のオストラヴァにある三つの産業遺産を取り上げる。その理由は、結論を先取りすると、それぞれ産業遺産の利活用・観光資源化について対照的な特徴を有していると考えられるからである。

産業遺産は産業活動の痕跡を文化遺産としたものであり、一九五〇年代から産業革命の母国イギリスでその研究と保全に着手されてきた遺産である。こうした動きはドイツやフランスなどの西欧や日本にも波及していった。世界遺産レベルでも、九四年の「世界遺産一覧表における不均衡の是正及び代表性・信頼性確保のためのグローバル・ストラテジー」で今後重視すべき文化遺産のカテゴリーとして産業遺産が取り上げられた。それに触発され、現在では数多くの産業遺産が世界文化遺産に登録されている。そこまでではなくとも、欧州各地に残る産業遺産・産業博物館をアンカー・ポイントとしてつなぐ「欧州産業遺産の道（European Route of Industrial

Heritage)」を構築する動きもある。

このような経緯から産業遺構の「ヘリテージ化」、それに伴う保全・利活用が活発になってきたが、その舞台は主に西欧や日本などだった。他方で中東欧やアジアなどでは産業遺産の保全・利活用、それに関する研究は近年ようやく緒に就いたばかりである。その背景の一つに、これらの地域での近代史に対するアンビバレントな感情がある。近代化が速やかに、そして主体的に始まったイギリスやドイツでは、産業革命、近代化・工業化に対して肯定的な評価が強いが、中東欧やアジアでの近代に対する評価は、外国からの侵略などを経験したため、肯定的なものになりえず、それに呼応して産業遺産への評価も両義的なものにならざるをえなかったのである。

本章では、そのうちチェコ共和国東部のオストラヴァ市を中心に中東欧の産業遺産の実態を取り上げる。現在、オストラヴァの産業遺産は世界文化遺産登録を目指していて、暫定リストに入っている。そこでは、西欧の前例から影響を受けながらも、産業遺産の保存・観光資源化について多様な試みをおこなっている。それらを紹介しながら、中東欧の産業遺産の現状を論じたい。

1　オストラヴァの概要と産業遺産群

まずオストラヴァ市について紹介し、そこに産業遺産が残された背景を説明しよう。オストラヴァはチェコ東部、モラヴィア・スレスコ地方に位置し、プラハ、ブルノに次ぐチェコ第三の人口規模を持つ。しかし、産業転換のなかで現在人口減少に悩まされている地方工業都市でもある。「スレスコ」とはチェコ語でシレジア地方のことを指し、ドイツ語ではシュレージエン、ポーランド語ではシロンスクなど呼称は異なるが、現在のポーランドとチェコにまたがる地域である。世界史に明るい人なら、プロイセンとオーストリアがこの地をめぐり何度か戦火を交えたことを覚えているだろう。現在のポーランド・シロンスク地方はそのときほぼプロイセン領へ組み込まれた地域であり、チェコ側のスレスコ地方はオーストリア領にとどまった地域にあたる。オストラヴァは後者の中心として発展した都市なのである。

オストラヴァはもともと、ドイツ・ポーランド国境のオーデル・ナイセ線で有名なオーデル川（チェコ語ではオドラ川）とオストラヴィッツェ川などの河川が下流で交わる交通の要衝にあった。一七六三年に石炭が発見されたことによって炭鉱の町、そしてその石炭を使用する製鉄の町へと変貌していく。この石炭層はチェコ東部からポーランド南部まで広がっていて、国境が隔てているものの、オストラヴァは第7章「産業遺産と商業・芸術文化施設の邂逅――ポーランド・ウッチとカトヴィツェの例から」（根本敏行）で登場するポーランドのカトヴィツェ周辺と石炭・重工業の都市として共通している。

社会主義時代には、同市は「共和国の鉄の心臓」「社会主義の製鉄所」などと呼ばれた。しかし、他方で黒や灰色といった暗いイメージで語られることも多かった。現在は市場経済化が進み、世界的な重厚長大型産業の低迷と歩調を合わせオストラヴァの重工業も衰退し、それによる人口流出が深刻な問題になっている。そこで、かつて存在した炭鉱や製鉄所を活用して観光客を誘致したり、ショッピングセンターなどに転用したりすることを通じて、その衰退を食い止め、反転させようと試みている。『地球の歩き方』（ダイヤモンド・ビッグ社）や *Lonely Planet* にはオストラヴァ市の説明はなく、現在はまだそれほど観光地とみなされていないが、産業遺産観光を促進しようとしている状況にある。

そこで売りにしているのが本章で紹介する産業遺産群である。オストラヴァ市にある炭坑や製鉄所の遺構を「オストラヴァの工業複合体（Industrial Complexes in Ostrava）」という名で、ユネスコ（国連教育科学文化機関）の世界文化遺産に登録しようとする動きもあり、二〇一八年一月現在、暫定リストに載せられている。[1] その構成資産は、本章でも取り上げるヴィトコヴィツェ製鉄所、フルビナ炭鉱、ミハル炭鉱、アンセルム炭鉱（ランデク・パーク）などであり、それぞれ石炭の採掘、鉄鋼の生産によって地域経済、ひいてはチェコ経済を牽引してきた産業遺産群だ。

チェコで産業遺産や近代化遺産が文化財として評価され、それらに関する研究が進んだのは一九八〇年代後半以降である。社会主義体制下では、産業遺産は「資本主義的搾取」の遺物として扱われ、「すべてを新しく作り変え改善しよう」という考えに基づいて産業遺産への偏見が強化されたという。(2)そこに、積極的な評価が遅れた背景がある。この状況が変化したのは八九年以降で、民主化や欧州への統合を契機として、産業遺産への評価も高まってきた。

ここでは、先の構成資産のうちミハル炭鉱、ランデク・パーク、ヴィトコヴィツェ製鉄所の三つを取り上げ、それぞれのあり方を紹介したい。産業遺産の保全・観光資源化の点で対照的な手法が見られるためである。

2 ミハル炭鉱

ミハル炭鉱は十九世紀半ばにオーストリア政府の命令によって開かれた炭鉱である。一九一二年から一五年に電化され近代的設備が導入されるなど、モデル炭鉱としての地位を築いた。その後、ナチスによる支配、そして社会主義体制下の国有化を経て、ペトル・ツィングル(Petr Cingr)炭鉱と改称されている。ツィングルは一八九二年以降オストラヴァでストライキなどを指導した左派社会民主主義者であり、社会主義時代を色濃く反映した名称である。やがて、市場経済化の影響で一九九五年に閉山を迎えた。(3)

ミハル炭鉱は、すでに一九六〇年代から研究者によって遺産としての価値が評価され、閉山後も「操業最後の日(the last workday)」の状況をそのまま保存する方針となった。写真1は炭鉱作業員が使った更衣室を当時のまま保全して展示している様子だ。旧更衣室ではチェーンに作業服などをかけておくチェーン・ロッカーを見ることができる。ネットで検索したが、ここの写真が上位に出てくるため、このような部屋が見られるのは世界的にも希少なことなのかもしれない。この部屋は広くて天井も高いため、コンサートなどの会場としても使われて

写真1　ミハル炭鉱更衣室の保存・展示状況

いるという。ほかにも作業用ランプを受け取る部屋、浴室や事務所、コントロール・ルームなども当時のまま残っていて、いまなお炭鉱作業員がこれから地下深く炭坑に降りていくのではないかと思わせるほどのリアリティーがある。ガイドが説明しながら、閉山当時のそのままを見せているという展示スタイルが、ミハル炭鉱の特徴である。

もちろん、このような展示の姿勢は機械の保全・展示にも見られる。その展示で強調されているのは、十九世紀から二十世紀前半までの発展の歴史である。一九一〇年代については、AEG、ジーメンスなどのドイツ製・オーストリア製・チェコ製の機械が当時のままに備え付けられている。写真2はジーメンス社製の巻き上げ機である。この巻き上げ機やコンプレッサーなども、オーストリアやドイツからの技術導入があったことを物語る。実際に見学者は巻き上げ機の操縦席に乗ることさえできる。機械

写真2　ミハル炭鉱のジーメンス製巻き上げ機

室には油のにおいがまだするなど、当時の雰囲気をそのまま維持するスタンスである。ほかにも坑道に人や物を運ぶエレベーター・ケージ、物資運搬のレールなども残されていて、作業の状況を生き生きと展示する施設になっている。

第二次世界大戦（ナチス占領）期の戦時迷彩もその機械室の窓に残っていた（写真3）。これは、忌まわしい過去として消してもいいわけだが、そのままになっているのは、「負の遺産」としての価値が認められているからだろうか。

このような展示は万人受けするものではないだろう。そもそも産業遺産は、通常の文化財のようなすべての人にとっての美しさには乏しい。しかし、「操業最後の日」のままに保存するあり方は、産業遺産の保存としては理想的なものだといえる。二〇一三年の訪問当時、ミハル炭鉱のガイドは、オストラヴァ市にあるほかの産業遺産が「商業主義」に走っているのではないかという懸念も口にしていた。この展示スタイルは商業主義の対極にあり、受け入れが予約制だということもあるが、訪れていた観光客は私たちのほかに一人しかいなかった。訪問時にほかの二つが多くの観光客を集めていたのと比べると、その違いが際立つ。ここには、産業遺産の「真正性」を最大限尊重した保存と、観光資源化・利活用との間のジレンマが垣間見えるといえ

写真3　ミハル炭鉱機械室の窓にある戦時迷彩

る。

3　ランデク・パーク（アンセルム炭鉱）

次にもう一つの炭鉱の産業遺産、ランデク・パークを紹介しよう。

ここでの石炭採掘は一七九二年にまでさかのぼるという。一八三〇年代に地元の地主からオロモウツ大修道院に所有者が移ると同時に、この地域初の垂直立坑が作られ、石炭業の近代化が始まった。やがて、サロモン・マイヤー・ロスチャイルドがこのあたりの炭鉱を買収し、五五年に息子のアンセルムに所有権が移ったために、この炭鉱がアンセルムと名付けられ、現在の呼称になっている。その後社会主義時代にはエドゥアルト・ウルクス（Eduard Urx）炭鉱に改称されたこともある。ウルクスはチェコスロバキア独立時代の共産主義者であり、オストラヴァで左派系新聞を発刊したが、一九四一年にナチスに逮捕され、強制収容所で短い一生を終えた人物である。

しかし、ここも一九七〇年代に閉山し、八〇年代末からこの場所に鉱山博物館を開設する動きが起こった。その結果、九三年に公開されたのが現在の博物館である。ちなみにランデク・

写真4　アンセルム炭鉱の坑道見学コース

パークという名前も、この炭鉱がある丘の名前に由来する。(4)

この産業遺産の特徴は「博物館」という展示スタイルだろう。博物館といっても、場所と無関係に物を展示しているわけではなく、見せるべき場所に博物館ができている。その意味で、この土地が持つ歴史性や文脈を維持したうえでの博物館といえる。

まず、坑道を見学するコースが整備されていた。しかもエレベーター（ケージ）に乗って当時の地下坑道そのものに降りる。日本の場合、地震・地下水などの問題があり、模擬坑道を新たに作ってそこを見せることはあるものの、本物の坑道を使用した見学は池島を除くとほとんどない（金属鉱山であれば細倉鉱山、佐渡金山などいくつかある）。このような見学のあり方は地盤が安定している欧州ならではといえる。また内部ではヘルメットのランプで明かりをとる。ランプを消してみると真っ暗である。当時の炭鉱作業員がこうした真っ暗な地底でヘルメットのランプを頼りに採掘・運搬をしていたことを肌で感じることができる（写真4）。

近年、「体験観光」なるものが盛んである。「モノ消費」から「コト消費」への変化とも呼ばれる。その意味でランデク・パークは体験を売りにしたアトラクションともみなせる。とはいっても、観光で示される「本物の体験」とは実は本物ではなく、擬似体験である。しかし、客がそのような観光を熱望していて、各施設はそうしたニーズに応えるものになっているわけだ。ただし、このような体験観光・ツアーを可能にするには、観光客の安全性を考えた設備保全など、「操業最後の日」を保全するミハル炭鉱とは対立するような保全のあり方も検討しなければならないことも指摘しておこう。

このコースでは次に博物館を訪れる。炭鉱の歴史とともに、不幸にも炭坑事故が起きた際に出動する救援隊に関する珍しい博物館である。事故の際に実際に使う呼吸機器や救援設備が所狭しと展示されている。

写真5　レストランに転用されているアンセルム炭鉱の建築

周辺は炭鉱公園として整備されている。公園には当時の炭鉱に関連する建物が保存されていて、一部レストランに転用されている（写真5）。当時使われていた機械も野外に展示されている。また、炭坑を走っていた鉄道を模した子ども用乗り物もあり、子ども連れでも遊ぶことができる。このように、ここは一種の野外博物館にもなっているといえるだろう。

以上のように、ランデク・パークは体験観光、そして産業博物館としての展示を主としていて、その意味で、ミハル炭鉱に比べると、産業遺産を介したテーマパークに近づいている。訪問当日には観光客はミハル炭鉱よりもはるかに多く、子ども連れの家族も多かった。単に閉山当時の状況をそのまま展示するミハル炭鉱よりも、実際に真っ暗な坑道や地下に降りるためのエレベーターに乗るなど、アトラクション的要素、体験観光的要素を追求している。その意味で、ランデク・パークは、先のミハル炭鉱とこれから紹介するヴィトコヴィツェ製鉄所の中間に位置づけられるだろう。

4　ヴィトコヴィツェ製鉄所

最後に紹介するのはヴィトコヴィツェ製鉄所である。ここは、オストラヴァ市のスカイラインとして印象的な高炉を持つ製鉄所である。隣接するフルビナ炭鉱などとともに世界文化遺産登録を目指している。

もともとこの製鉄所はフルビナ炭鉱のそばに作られたものであり、その炭鉱での石炭採掘から鉄鋼生産までの工程を近距離でおこなうことができた。フルビナ炭鉱の石炭をコークスにするコークス炉の建設は一八三一年までさかのぼることができるという。さらにその前の一八三〇年にはパドル炉があったという記録もある。当初はルドルフ製鉄所という名称だったが、これはその創業者であるオロモウツ大司教の名に由来する。ルドルフ大司教はルートヴィヒ・ヴァン・ベートーヴェンのパトロンとしても有名であり、そしてオストラヴァでは製鉄所も創業していたというのは興味深い。その後、銑鉄を生産する最初の高炉がベルギーの技術によって三六年に作られ、三八年に二号炉、五六年に三号炉と設備が拡張されていった。七二年になると、スコットランド式の高炉が設置されるなど、欧州各国から当時の最新技術が導入され、日本と比べても早くに製鉄業の中心としての地位を獲得したことがわかる。オストラヴァを立地に選んだ要因としては、そばで石炭を産出できたこと、近くに河川が流れていたことが挙げられている。[5] 社会主義時代には、チェコスロバキアで共産主義政権を誕生させたクレメント・ゴットヴァルドの名を製鉄所に冠したこともあった。

訪問当時、製鉄所の高炉はすでに公開され、見学コースに組み込まれていた。観光客はヘルメットをかぶりコントロールセンターや鉄粉で覆われた柱などを見学し、かつて稼動していた高炉の上まで階段で登ることもできる。その上からは町全体の風景を眺めたり、高炉に熱風を送り込む熱風炉を見下ろすこともできた。その高炉を撮影した写真6のなかで黄色に塗られた部分が見学コースである。解説がチェコ語とポーランド語で書いてあるので、チェコ人やポーランド人が多く訪れる観光地のようである。先述したように、外国の人が一般に使うガイドブックにはオストラヴァ自体の説明がないため、私たち以外には両国人しか見当たらなかった。

見学者にとっては、製鉄所を間近に体験できる人気スポットなのだろう。ここにもやはり体験観光的要素がある。製鉄所を単に外から眺めるだけではなく、作業員のようにその階段に上って間近に見ることができるアトラクションである。現役の製鉄所であれば危険すぎて体験することは難しい。西欧では、フェルクリンゲンをはじ

写真6　ヴィトコヴィツェ製鉄所の見学コースになっている高炉と熱風炉

写真7　ヴィトコヴィツェ製鉄所のガスタンクを転用したゴング

め、そのような産業遺産の観光資源化は進んでいるが、中東欧では珍しいのか、とりわけ中東欧の市民に魅力的な観光スポットになっているようだった。他方で、そこにはミハル炭鉱とは違う観光への「商業主義」的アプローチが見られる。それがテーマパーク化した印象を与えるものの、結果として多くの観光客のニーズに応えているのである。

他方ヴィトコヴィツェ製鉄所は、産業遺産の転用・利活用の例としても知られる。文化財の保存と利活用は古くて新しい問題である。保存は過去をできるだけそのまま残そうとするのに対し、利活用は過去を援用しながら現在・未来を創造していくプロセスである。この二つは両立させることが望ましいものの、その力点の置き方によっては対立する概念である。オストラヴァの産業遺産群内でも力点の置かれ方が違う。先述したミハル炭鉱ではそのまま「保存」することが重視されているのに対し、ヴィトコヴィツェ製鉄所はむしろ転用・利活用に重点が置かれている。

同製鉄所では、ガスタンクをゴング（Gong）という観光センターなどの多目的ホールに改修し利活用している（写真7）。発電ホールはU6という博物館に衣替えしている。加えて製鉄所に隣接するカロリーナは、発電所跡を一部利活用したショッピングセンターに生まれ変わっている。(6) このように、そのときそのときの経済状況に対応して、工場設備を別の用途に転用していくあり方は、ヴィトコヴィツェ製鉄所の特徴であり、現代的なあり方だともいえるだろう。その際、西欧の先進事例（ドイツのツォルフェラインやイギリスのテート・モダン）を引き合いに出して、そのプロジェクトの意義を強調している。

しかし、ミハル炭鉱でも言及したように、このような利活用・転用は過去の痕跡を消去してしまう懸念もはらんでいる。工業化の負の側面は無視されて、観光として楽しい部分やわかりやすい部分が強調される懸念もないわけではない。現に製鉄所の壁に書かれたスラブ文字が消えかかっていた。スラブ文字を使うソビエト連邦の支配という忌まわしい過去を消し去ろうとしていると考えるのは、うがった見方だろうか。

おわりに

以上のように、ここで取り上げた三つの産業遺産は、それぞれ対照的な保全・利活用のあり方を模索していた。この対照性は、結局のところ、「操業最後の日」という「真正性」を重視した保全の方向性にいくのか、はたまた文化遺産を現在の状況に合わせながら観光資源化・転用を図っていく方向性でいくのかというジレンマを示している。このジレンマは中東欧に限ったものではなく、日本やアジアでも産業遺産の保全と観光資源化を考える場合に重視しなければならない課題ともいえる。

注

（1）Kučová, Věra and Miloš Matěj, *Industrial Complexes in Ostrava: To Be Nominated for Inscription on the UNESCO World Heritage Sites*, National Institute for the Protection and Conservation of Monuments and Sites, 2007.

（2）Dvořáková, Eva, "Industrial Heritage and the Limits to its Institutional Conservation in the Czech Republic," in Fragner, Benjamin, ed., *Průmyslové Dědictví/Industrial Heritage*, Prague, 2008.

（3）以上、Klát, Jaroslav, and Miloš Matěj, *National Cultural Heritage Site Michal/Petr Cingr Coal Mine*, Ostrava, p.7

（4）以上は、Kučová, Věra and Miloš Matěj, *op. cit.*

（5）以上、Kučová, Věra and Miloš Matěj, *op. cit.*; Matěj, Miloš et al., *Ostrava's Technical and Industrial Heritage*, translated by Hopkinson, C., Ostrava, 2008, pp.90-91.

（6）Volf, Petr, *The Story of Dolní Vitkovice*, Prostor-architectura, 2013, p.51.

第4章　現代の「負の遺産」
——クラクフのシンドラー・ファクトリー

加藤裕治

はじめに

ポーランドの首都ワルシャワから南へおよそ三百キロの距離にあるクラクフは、十一世紀から十六世紀までポーランド王国の首都として栄え、現在でも人口七十万人を超える古都である。また旧市街地の南東にあるカジミエシュ地区は、十四世紀にカジミエシュ三世が建設した街が、次第にユダヤ人居住街となった歴史を持つ。第二次世界大戦直前のクラクフには、二十五万人の人口に対し、およそ六万人のユダヤ人が居住していたという(1)。

一方、クラクフは第二次世界大戦下、ナチス・ドイツの侵攻を受けて総督領の首都となり、ポーランド人の中央行政や地方自治が認められないドイツ統治下に置かれた(2)。先のカジミエシュ地区のヴィスワ川対岸にあるポドゥグージェ地区は、一九四一年三月、ユダヤ人のゲットー（ユダヤ人隔離地区）となり、クラクフとその周辺のユダヤ人およそ一万五千人が収容された。現在もこの地域には、当時の痕跡を残す多くの建築物や、かつてゲットーを取り囲んでいた壁などが残っている。

このようにクラクフはポーランド王国の古都としての顔を持つだけでなく、中東欧地域のユダヤ人の歴史や、第二次世界大戦の負の記憶・遺産を担うなど、歴史の多重性を帯びた独特な街の相貌を呈している。またアウシュビッツ（ポーランド名：オシフィエンチム）まで約五十キロ、現在、国立アウシュビッツ・ビルケナウ博物館となった強制収容所跡へもバスで一、二時間程度の位置にあるため、ナチス・ドイツ時代の「負の遺産」を訪問する人々の拠点にもなっている。

こうした点を踏まえ、本章ではクラクフ訪問時の街の状況とともに、第二次世界大戦期の「負の遺産」の現状を報告する。ただし、アウシュビッツとビルケナウについては多くの書籍が出版されているため、本章では、クラクフ市内の状況、とりわけ、ユニークな展示を試みているオスカー・シンドラーの工場跡ミュージアムを中心に紹介したい。

オスカー・シンドラーとは、ドイツ人の実業家であったにもかかわらず、第二次世界大戦下、自らの工場で作業していたユダヤ人を保護し、千人以上の命を救ったとされる人物である。スティーブン・スピルバーグ監督による映画『シンドラーのリスト』（公開一九九三年／日本公開一九九四年）でこの名前を知ったという人も多いだろう。

ポーランドでシンドラーの工場跡が注目されるきっかけになったのも、この映画だった。一九九三年の上映以後、ドイツのクラクフ占領の記憶が呼び起こされ、長らく忘却されていたクラクフのユダヤ人の運命やシンドラーが注目されるようになったという。(3) この映画自体もシンドラーの工場跡をはじめ、その多くのシーンがクラクフで撮影された。なおその建物は戦後、ポーランドの国営企業で電気通信関連の部品を生産していたTELPODの工場として一九四八年から二〇〇二年まで使用されていたが、〇五年にクラクフ市の所有となった。その後、活用をめぐって様々な議論がなされたようだが、結果的に一〇年にクラクフ歴史ミュージアムの一つとしてオープンすることになったのである。(4)

本章では、このように第二次世界大戦の「負の遺産」や「負の記憶」に対する新たな継承の試みを実践しているミュージアムの様子を中心としながら、クラクフの現在を紹介する。

1　クラクフ本駅前・旧市街地

写真1　クラクフ本駅前とアンデルスホテル

現在、ワルシャワから最速の列車に乗るとクラクフへは二時間半を切り、街の中心に直接、到着することができるため、駅の利用者も多い。クラクフ本駅とその周辺は、伝統的な旧駅舎だけでなく、近代的な巨大ショッピング施設や洗練されたデザインホテルが混在していて、歴史を感じさせながらも開放的な印象を残す駅前空間になっている（写真1）。

駅に直結している近代的なショッピングモール（Galeria Krakowska）は二〇〇六年に開業した。また駅前広場には、オーストリア、ウィーンに本社があるVienna House Companyのアンデルスホテルが面している。この企業は一九八九年に設立され、ポーランドのウッチで繊維工場跡を改築した産業遺産活用型のホテルを経営するなどのユニークな試みをおこなっている。またオーストリア、ポーランド以外にもドイツ、チェコ、ロシア、クロアチア、ルーマニアなど中東欧圏を中心にホテルを進出させている。こうしたショッピングモールやホテルチェーンの展開はヨーロッパの中東欧経済圏の展開を知るうえでも興味深い。ちなみにウッチではこのホテルに滞在したが、デザイン性が高く快適で、産業遺産の活用例として示唆に富むものがあった。

一方、クラクフの歴史と観光を担う旧市街（クラクフ歴史地区）は多くの人でにぎわいを見せていた。この旧市街は一九七八年、史上初の世界遺産に登録された十二カ所のうちの一つでもある。街の中心には中世から残る広大な広場があり、その広場の真ん中にはルネッサンス様式の壮観な織物会館がある。十四世紀に建造された建物で、現在一階内部の通路には土産物屋などが多数並び、多くの観光客が訪れる場所である。また二〇一〇年、この広場の地下には地下博物館が開館した。

地下博物館には、二〇〇五年から一〇年にかけておこなわれた発掘調査の成果をまとめた広大な地下展示室がある。十一世紀ごろのものと思われる遺跡の紹介、十二世紀ごろ存在した工房の再現、また十五世紀ごろのクラクフの街全体のミニチュア展示など、実際に発掘された遺跡だけでなく復元や再現も組み合わされ、それらの資料からクラクフの歴史を知ることができる施設になっている。またいたるところにマルチメディア技術を利用した展示があり、単に過去の遺跡を見るだけでなく、一種のアトラクション的な体験を引き起こす試みがおこなわれていた。実際に訪問すると、その広さに驚くとともに、過去の街が地下遺跡として残っていることで、時間が巻き戻ったような感覚を覚える場所だ。

2 オスカー・シンドラーの工場跡ミュージアム（シンドラー・ファクトリー）

シンドラー・ファクトリー（写真2）は、旧市街の広場から南に下り、ヴァヴェル城の横を通りすぎ、ユダヤ人街として有名なカジミェシュ地区からさらにヴィスワ川を渡ったポドゥグージェ地区のリポバ（Lipowa）通りにある。旧市街地からはタクシーで十分程度といった場所だ。

写真2　シンドラー・ファクトリー

なお、クラクフ市の歴史ミュージアムは後で紹介するイーグル薬局などいくつかのブランチから構成されていて、このシンドラー・ファクトリーは第1節で紹介した地下博物館とともに、そのブランチのなかで最も新しいものの一つである。

先述したように、この工場跡は第二次世界大戦中、実際にオスカー・シンドラーのエナメル工場だったものである。その建物が現在、ミュージアムとして利用されていることは、産業遺産の活用例として興味深い。展示内容は第二次世界大戦全般のクラクフがテーマであり、占領下となったクラクフの状況や市民の日常生活の様子、クラクフ・ゲットーやクラクフに作られたプウァシュフ強制収容所の記憶などを伝えている。そのため、シンドラー本人に直接関わる展示はごく一部である。特徴的なのは展示方法として、当時の資料だけにとどまらず、写真や動画などの映像と音声を組み合わせたマルチメディア技術が多用されている点だろう。さらにアート的なインスタレーションや再現風景なども象徴的に使われていて、展示テーマの深刻さに対して、テーマパーク的といってもいい特徴を併せ持つ現代的なミュージアムである。

このミュージアムに入館してまず感じるのは、展示の動線がきわめて示唆に富んでいることだ。建物のなかは三つのフロアに分かれ、複雑に入り組んだ各部屋を巡るように設計されている。部屋（room）は合計で二十八あり、それぞれが異なったテーマを持ちながら、一九三九年から四五年までのクラクフを紹介している。

一階にあるメインホールは、ミュージアムの入り口であるとともに、グッズや書籍などを販売しているショップやカフェが併設されていて、多くの観光客でにぎわいを見せる場所である。

一階から二階に上がると、第二次世界大戦前の写真スタジオが再現された部屋が現れる。そこでは一九一八年から三九年九月まで、つまりナチス占領以前のクラクフの歴史を簡潔に紹介している。時代の雰囲気を醸し出すように部屋にはスタジオカメラが置かれ、キリスト教徒とユダヤ教徒が市民ホール前でともに並んで撮影された写真などを展示している。戦前のクラクフの穏やかな日常の様子が、写真スタジオという再現空間と当時の写真の組み合わせで伝えられる仕掛けになっている。

その暗室をくぐり抜けると、巨大なステレオスコープ——二枚の写真を使って撮影されている対象を立体的に見せるための機器——の存在が目を引く。このステレオスコープは一九二〇年代から七〇年代までクラクフのシチェパンスカ通りにあったものを、このミュージアムに所蔵したとのことである。[5] 現在でも作動するため、実際に立体的な写真映像を見ることができる。また、このステレオスコープの周りには当時の劇場や映画のポスターが展示されていて、戦争前の芸術の街だったクラクフのイメージを呼び起こすような工夫がなされている。

続いての部屋は鉄道駅の待合室を再現したものだ。窓には到着する列車の映像が流れていて、実際の待合室にいるかのような疑似体験が得られる。さらに次の部屋までは、細長い鉄とコンクリートで作られた薄暗い通路が続き、第二次世界大戦開戦直後の不穏な雰囲気を感じさせる仕掛けになっている。

通路の途中には、ポーランドが製造した小型戦車（TKS tankette）が置かれている。イギリス製の戦車をモデルに一九三〇年代に生産された偵察用の小型戦車であり、展示されているものは、保存されていた設計図から制作したレプリカだという。[6]

このスペースを通り抜けると、占領一カ月を経過した市民広場Iの展示となり、当時の都市生活を撮影した写真などに加え、一九三九年当時のトラムが再現展示されている。天井からはナチス・ドイツのハーケンクロイツ旗が下げられ、ドイツの占領下となったクラクフの状況を象徴的に表現している（写真3）。

続くドイツの総督領下で首都となったクラクフの展示も同様のスタイルが続く。部屋の柱にはドイツの兵士の行進風景が貼られ、床はハーケンクロイツ模様のタイルで覆われている（写真4）。部屋の壁には当時の映像が

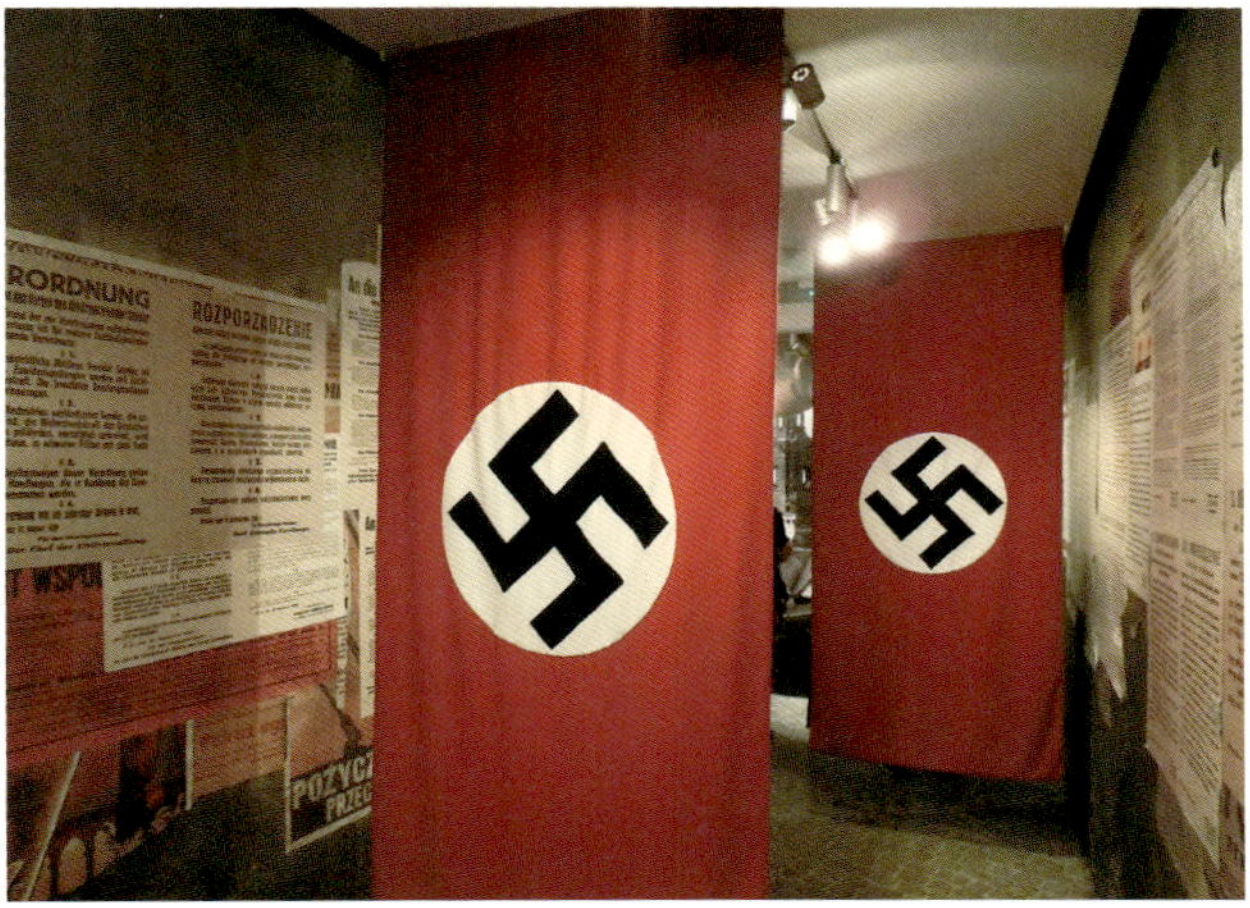

写真3　「市民広場Ⅰ」の部屋

写真4　「総督領」の部屋

写真5　「ゲットー」の部屋

音声とともに映し出され、時代の切迫感を感覚的に伝えようとする展示になっている。さらに、Hauptbahnhof Krakau とドイツ語に変更されたクラクフ中央駅をテーマとした展示が現れるが、これはクラクフが第三帝国と東方間の戦略上の結節点であり、軍隊や市民の移動にとって重要な拠点になっていたことを象徴的に示しているという。

次に、二階から三階に上がる階段があり、その側面の壁には一面にユダヤ人が暮らしていた街路のプレートが掛けられて、一種のインスタレーションになっている。映画『シンドラーのリスト』で、シンドラーのオフィスに向かう場面に使われたことで、このミュージアムのなかでも印象的な場所になっている。しかしこの階段は、実は戦後の一九四九年から五〇年ごろに作られたようであり、戦争中には存在しなかったという。(7)

三階に到着すると、ゲットーをイメージさせるジオラマ（写真5）があり、当時、実際に撮影された写真などが展示されている。続く一九四一年から四三年の展示では、ソビエト軍によってポーランドの捕虜将校が多数虐殺されたカティンの森の事件などが解説されている。こうした展示は、ドイツだけでなくソビエトからの脅威も受け続けなければならなかった、戦時下のポーランドの厳しい立場を伝えている。

さらに、この階にはシンドラーの執務室がある。このミュージアムのなかで直接、シンドラー関連の展示がなされているのは、この執務室とその手前の受付部屋だけである。執務室には机が一つ置かれていて、シンドラー

写真6　「シンドラーの執務室」とインスタレーション

と彼の家族を撮影した写真や当時の新聞などが並べられ、背面の壁には、漆喰技術で作られた巨大なヨーロッパの地図がかけられている。この地図は、先述した国営企業のTELPODによって塗り替えられて保管庫に収蔵されていたが、その後、一九四〇年代の地図の状態に修復して展示されている[8]。

執務室の机の向かいには、巨大なガラスケースを（シンドラーの工場で生産されていたホウロウ鍋を思わせる）加工途中の金属製の器で満たしたインスタレーションが展示されている（写真6）。このようなモノの集積によって記憶を想起させる試みは、アウシュビッツに展示されている没収された大量の靴や義足と同じようなものを感じさせ、非常に印象的である。なおこのインスタレーションの内側には、シンドラーに救出された約千百人のユダヤ人の名前が刻まれている。

執務室を出ると、一九四三年のクラクフがテーマとなる。商店街を模した通路があり、そこを通り抜けると市民広場IIの展示が現れる。学校へいくかわりに新聞売りなどで生計を立てる少年といった、当時の街の人々の写真が等身大サイズのガラスパネルとして多数展示され、戦時中のクラクフの、生活に困窮する市民の様子が感じられる空間となっている。

続いて一九四三年のゲットー解体の展示となり、ゲットーを追われたユダヤの人々が送られたプウァシュフ強制収容所を想起させるインスタレーションが施された部屋に至る。この強制収容所は映画『シンドラーのリスト』の中心的な舞台にもなった。その展示はゲート部分を模したジオラマ、収容所の全景を撮影した写真の掲示、砂利が敷き詰められた床からなり、ほかの部屋とは異なる特別な場所であることが強調されている。

収容所の部屋を出ると三階から一階に下りる階段になるが、壁一面にドイツのプロパガンダポスターが貼られており、当時のアンチセミティズムやアンチソビエトの感覚が、ポスターというメディアからうかがえるようになっている。この後には、終戦直前の状況やソビエト軍の入場といったテーマの展示が続き、最後にこのミュージアムの総括的な位置を占めている「選択の部屋（Room of Choices）」に至る。大きな円形をなした部屋の壁面には、回転する円柱が並置されている。この円柱にはユダヤ人の迫害に対する不行動の態度と共感の欠如が記される一方、自らの危険を顧みずユダヤの人々を助ける行為についても記されている。ここは、この二重のメッセージのなかで、あなたはどのように振る舞うのか、という問いかけがなされる部屋なのである。(9)

このようにシンドラー・ファクトリーの展示には、第二次世界大戦のクラクフの時間軸に沿って、マルチメディアや再現展示などを使いながら、想像と想起を重視し、その時代を感覚的に伝えようとする工夫が随所に見られる。すべてを見るにはかなりの時間を要するが、そうした展示の工夫によって、ポーランドの歴史をあまり理解していない私でも興味深く見ることができた。しかし一方で、テーマパーク的といってもいい展示方法は、擬似感覚やそこからの体験を強調するものでもあるため、歴史の真正性という点からは、やや疑問が残るものでもあった。

3　シンドラー・ファクトリーの周囲の遺産（ポドグージェ地区など）

シンドラー・ファクトリーの隣接地には、MOCAK（クラクフ現代美術館）が設置されている。この美術館は二〇一一年五月に開館し、最新の国際的なアートの展示を中心に、教育や研究、出版活動をおこなう場所として機能している（写真7）。また図書館やカフェも併設され、市民の憩いの場にもなっている。

写真7　クラクフ現代美術館

このシンドラー・ファクトリー周辺からポドグージェ地区にあるゲットーの英雄広場方面へと向かう途中、ザブウォチェ駅ガードの手前には、ワルシャワ生まれのポーランド人現代美術作家であるミロスワフ・バウカ（一九五八―）の作品『アウシュヴィッツヴィエリチカ（AUSCHWITZWIELICZKA）』がある。道路にあるコンクリートのトンネルが作品になっているため一瞬見逃してしまいそうになるが、トンネルの上部にAUSCHWITZWIELICZKAの文字が彫られ、そこから採光されるとともに、地面に届いた光が文字として映し出されるデザインになっている。なお、その文字は強制収容所のアウシュヴィッツと、世界遺産として有名な岩塩坑がある、クラクフから南東およそ十五キロの場所にあるヴィエリチカを合わせたもの

写真8　ゲットーの英雄広場とオブジェ

のようである。

さて、この歩道を通り抜けて数分歩くと「ゲットーの英雄広場」がある。ここはクラクフゲットーのなかの活動の中心地だっただけでなく、強制収容所への出発点にもなった悲劇的な場所である。長らくその記憶は忘れられていたようだが、現在は記憶を想起させるメモリアルとしての作品が広場に設置されている。それは大小合わせて七十脚の金属製の椅子のオブジェからなり、ユダヤ人への追悼の意を表現している（写真8）。

またこの広場の南側には鷲の下薬局、通称イーグル薬局がある。この建物は一九四一年から四三年までゲットーのなかにあり、もとは、ポーランド人のオーナーであるタデウシュ・パンキェヴィチが経営していた薬局である。彼は当時、ゲットー内に永続的に居住可能な許可を得た貴重なポーランド人であり、この店はゲットーで唯一の薬局だった。そのため、ゲットーでのシェルター的な場所となり、多くのユダヤ人を庇護することになった[10]。またパンキェヴィチは毎日、ゲットーの内部を目撃し続け、のちに"Die Apotheke im

Krakauer Ghetto”(『クラクフゲットーの薬局』)という題名で、その体験を記した書籍を出版している。
この薬局跡は先にも述べたように現在、クラクフ歴史ミュージアムの一つになっていて、ゲットーやプウァシュフ強制収容所でのユダヤ人の悲劇を記憶にとどめるための展示がおこなわれている。またクラクフの歴史ミュージアムからは、クラクフの漫画家・デザイナーであるトマシュ・ベレジニツキ(Tomasz Bereźnicki)による、パンキェヴィチの活動と当時のクラクフゲットーの状況を描いたコミックが出版されていて、その時代の街や人々の状況を思い描く一助となる。

おわりに

第二次世界大戦に関わる負の遺産はアウシュビッツ・ビルケナウが有名だが、このクラクフ市街にも「負の遺産」を保存し継承する取り組みが数多く存在する。特に取り上げたシンドラー・ファクトリーは、建物自体を「文化遺産」であると同時に「負の遺産」として捉えることができる。また、映像と音を組み合わせたマルチメディアや数々のインスタレーション、再現風景などを利用したユニークなミュージアムでもある。しかし一方で、例えば展示品が実物なのかイメージであるのか、その区別がきわめて判断しにくいことも確かであり、歴史の真正性や記憶の伝達というテーマについて考えさせられるミュージアムでもある。とはいえ、このミュージアムを含め、クラクフが歴史的に負ってしまった街のなかの様々な痕跡を活用した取り組みは、「負の遺産」の継承について非常に示唆に富むものである。

注

（1）"Guide to Oskar Schindler's Kraków", Galicia Jewish Museum, 2010, p.7.

（2）フェリクス・ティフ編著『ポーランドのユダヤ人――歴史・文化・ホロコースト』阪東宏訳、みすず書房、二〇〇六年

（3）"Guide to Oskar Schindler's Krakow", pp.3-4.

（4）"Oskar Schindler's Enamel Factory" Muzeum Historyczne Miasta Krakow,2013, pp.6-8.

（5）Ibid., p.11.

（6）Ibid., p.15.

（7）Ibid., p.26.

（8）Ibid., pp.31-33.

（9）Ibid., p.40.

（10）"Tadeusz Pankiewicz's Phamacy in the Kraków Ghetto", Muzeum Historyczne Miasta Krakow, 2013, pp.3-7.

第5章　社会主義時代の集合住宅遺産
――カール・マルクス・アレーとポルバを中心に

四方田雅史

はじめに――社会主義時代をめぐる現状と文化遺産

中東欧諸国にとっては、一九四五年から八九年が社会主義時代にあたる。現在でも、この時代をどう位置づけるかという問題は、こうした国・地域にとって論争の的だが、基本的にはナチズム時代と同等の負の歴史として記憶されているといえる。例えばポーランドでは現在の政治体制は「第三共和政」と呼ばれており、第一共和政はポーランド分割以前の政体、第二共和政は第一次世界大戦終結から第二次世界大戦開戦までの政体を指している。もちろん四五年から八九年までの社会主義の政体も形式的には共和政だが、実質的にポーランド国民にはそうみなされておらず、ソビエト連邦に支配された時代と位置づけられているのである。

現にEUでは八月二十三日を「スターリニズムとナチズムの犠牲者追悼の日」と定めている。これは中東欧諸国のはたらきかけによるものであり、しかもこの日は独ソ不可侵条約の密約によって同地域がドイツとソ連によって分割されることが決まった日にあたる。その二年後の独ソ開戦で反故にされたが、この条約こそ戦後のソ連支配に至る大勢を決したと中東欧諸国が考えている証左である。このように、中東欧諸国にとって社会主義体制はナチズムと同列の「負の歴史」として扱われていることは確かである。

一方、その社会主義時代の忌まわしい遺産がすでに観光スポットになっていることも事実である。よく知られている例としては、ベルリンの壁やワルシャワの文化科学宮殿がある。文化科学宮殿はのちにも説明するスターリン様式の建物であり、かつては「ソ連からの友情の贈り物」として当時の強固な同盟関係の象徴だった。しかし、現在のポーランド人から見るとソ連支配の象徴と受け止められていて、「文化科学宮殿屋上から見た景色が、この町でもっともすばらしい景色だよ。なぜならその「宮殿」自体が見えない唯一の景色だからさ」というアネクドート（小噺）がはやったほどである。とはいえ、結局取り壊されることなく、むしろ観光客にとっては人気観光スポットになっている。現在は科学博物館や観光案内所、映画館が併設され、夜にはライトアップまでされていた。社会主義時代の遺産は取り除くべき対象ではなく、保存されるべき観光スポットになっているのである。

いくつかの都市では共産主義博物館まで作られている。私はチェコのプラハ（二〇一三年）とドイツのベルリン（二〇一五年）の博物館を訪問したが、どちらも共産主義時代の政治弾圧と反社会主義的運動とともに当時の生活も展示していた。プラハの展示は批判的なトーンで統一されていたが、ベルリンでは東ドイツの象徴トラバントが展示され、懐古趣味的な感じもあった。統一によって失われた東ドイツへの郷愁、すなわち「オスタルギー（ドイツ語の東 Ost とノスタルジー Nostalgie とを合わせた造語）」があるように感じられ、その点はチェコの社会主義時代をひたすら批判・揶揄する展示とは好対照である。同じ経験を経た国・地域でありながら、社会主義に対するイメージが国ごとに違ってきているのかもしれない。

本章では、このような社会主義遺産のうち、集合住宅に絞って社会主義時代の建築遺産を紹介する。

1　社会主義時代の集合住宅という文化遺産

日本では一九五〇年代から六〇年代に多数作られた集合住宅や団地というと、どのようなイメージがあるだろうか。年配の方であれば子ども時代を過ごした懐かしい風景に映るかもしれないし、現代の若者から見れば、テレビや映画に登場する昔の風景と感じるかもしれない。実は、同時期の集合住宅は、各国で違いがあるものの、世界的な現象だった。世代によるイメージの違いは、若者ほど団地や公団住宅といった集合住宅を異質なものとみなすまなざしを持っているからかもしれない。日本で、原武史らの本に触発されて団地を巡る観光が生まれているのもその表れだろうか。

中東欧でもこれと似た動きがある。集合住宅は社会主義体制にとっても不可欠な存在だった。それは、資本主義・社会主義両陣営ともに、工場や事務所で働く労働者に安全で衛生的な居住空間をいかに提供するかは共通する喫緊の課題だったからである。

先駆的には、戦前期から衛生的な住宅を大量に作ることが課題だった。それをドイツで実験的におこなおうとした戦前期の集合住宅群が、すでに世界文化遺産に登録されている。この点はソ連でも同様である。当時ロシア革命の混乱期であっても、構成主義やモダニズムに基づいた前衛的な集合住宅が建てられている。ベルリン、モスクワともに労働者住宅の大量供給という課題は共通していて、前衛的で機能重視のモダニズム建築の流れもイデオロギーを問わずに存在した。むしろソ連のほうが伝統にとらわれない自由な発想が許されていたのは、その後の展開を考えると皮肉なことに思える。

やがて、社会主義側では建築スタイルに劇的な変化が見られる。その変化によって生まれた建築様式こそ、現在では旧社会主義圏の象徴とみなされているスターリン様式、社会主義リアリズムと呼ばれる様式である。詳細は省くが、先に述べたような実験が許される自由で闊達な雰囲気はソ連から失われ、労働者や農民を象徴的に描く（モダニズムから見れば）復古的な建築が称揚されるようになった。このような建築は、東ドイツ・ポーランド・チェコスロバキアが東側陣営に加わった一九四〇年代後半から五六年のスターリン批判までの間、主流だった。現在でも残る代表的なものとして、先述の文化科学宮殿（ワルシャワ）や現クラウン・プラザ・ホテル（プラハ）などが挙げられる。当時としては高層で巨大な建築であり、機能を重視して装飾を排したモダニズムとは対照的に外壁にごちゃごちゃと雑多な飾りが付けられている。

この時期にも労働者に安価で衛生的な住宅を提供するという課題は続いていて、大量の労働者を収容するための集合住宅が建設され、それが社会主義の格好の宣伝材料として利用された。日本にとって集合住宅・団地が高度経済成長期の象徴だとすれば、当該国にとってはスターリン時代、およびそれ以降の時代の象徴的存在だったといえる。

しかし、一九五六年のスターリン批判後は、このような建築は作られなくなり、逆に集合住宅はパネラック(Panelák)、フルシチョヴァと呼ばれたプレハブの無味乾燥な建築に代わっていく。その結果、東西両陣営の集合住宅の風景は収斂していったといってもいい。ただし、東側ではその後の経済の低迷から均質的で悪質な集合住宅が陸続と作り出され、モダニズムの評価をおとしめる結果にもなったという。

中東欧でも、現在、先述したような集合住宅観光というものが提起されている。その場合、観光の対象には機能重視で無味乾燥なパネラックではなく、スターリン様式の集合住宅が取り上げられている。代表的なものとしては、旧東ベルリンのカール・マルクス・アレー (Karl-Marx-Allee)、ポーランド・クラクフ郊外のノヴァ・フタ (Nowa Huta)、そして第3節で紹介するチェコ・オストラヴァ郊外のポルバ (Poruba) の住宅群がある。ともにスターリン様式の建築であり、海外の人々から見ると個性的、その地域に特徴的なものとして映るのだろう。

クラクフで二〇一三年に共産主義ツアーのパンフレットを入手した。そこでは、スターリン様式とパネラックは分けて紹介されている。例えばコミュニスト・デラックス (Communist Deluxe) というツアーでは「ノヴァ・

フタ地域」と「正真正銘の一九七〇年代アパート」が並列されている。前者は「共産主義を有名にした建築と風景」と銘打たれている一方、後者は「わが国の閉鎖的で変化することがない（our exclusive and unchanged）共産主義アパート」で「一九七〇年代のポーランドの日常を探検」することができると揶揄されている。[1]

もちろん、スターリン時代は、東ドイツ・ポーランド・チェコの人々から見れば、一方でナチスからの解放者であるとともに、他方で侵略者・支配者としての顔も併せ持つ。しかし、ヨシフ・スターリンが支配者だった時代の建築は、外国から来る人々にとっては異様な存在であるとともに、魅力的な観光スポットにも映っているのである。すなわち、社会主義時代の建築に対しては、両義的、アンビバレントなまなざしが見受けられる。

2　カール・マルクス・アレーの集合住宅群と社会主義観光

まず旧東ベルリンのカール・マルクス・アレーを紹介しよう。社会主義政権は当初から労働者のために安価で衛生的な住宅を大量に供給することを重要と考えた。特にベルリンは第二次世界大戦の戦火で廃墟となり、そこから新たに〝社会主義的〟住宅を建設しなければならなかった。そのため、多くの建築家が動員され、当時はスターリン・アレー、一九六一年以降カール・マルクス・アレーと改称された通りの建設が進められたのである。

現在訪問しても、その規模に圧倒される。まず道路が広い。約九十メートルの幅があるという。ここは東ドイツ時代にパレードなどがおこなわれていた。その通りの両側には、高さをそろえた高層ビルが整然と並んでいる（写真1）。幅が広い通りを軸にして左右対称の建築が二キロにわたって続く景色は壮観である。低層階は店やレストランとして使われ、高層階は住宅になっている。あとで紹介するポルバに比べると装飾は簡素である。それはスターリン・アレー建設に動員された建築家の多くがモダニズムやバウハウスの影響を受けていたからかもしれない。彼らはコンペの段階からモダニズムに基づいた都市計画を提出していたが、残念ながら当時の政治状況

写真1　フランクフルター広場からテレビ塔の方向を見たときのカール・マルクス・アレー

はそれを許さず、社会主義リアリズム建築に落ち着いた。そのかわり、スターリン様式のなかでも装飾は簡素なものになっているというわけだ。外壁はセラミック・タイルの白で統一され、清潔感がある。

とはいえ、やはりここには、社会主義リアリズムのモチーフである伝統的建築の部分もある。フランクフルター広場の左右にある塔は、ドイツの教会をイメージしていて、十九世紀のドイツ人建築家カール・フリードリッヒ・シンケルの影響が見られるという（写真2）。これは、社会主義リアリズムのモットーである「形は民族的、内容は社会主義的」という有名なスローガンを地で行っているといえる。また、大通りを外れて奥に入っていくと、労働者や農民の生活をモチーフに社会主義をたたえたレリーフが壁に飾られている。

東ベルリンの象徴ともいえるテレビ塔と合わせると、カール・マルクス・アレーでは社会主義時代およそ四十年間の建築史が一目で見られる。このテレビ塔は一九六九年の建設であり、すでに社会主義リアリズムの時代ではない。スターリン・

アレーの設計では政治的事情から拒否されたヘルマン・ヘンゼルマンの設計がもとになっている。スターリン批判以降、建築の分野では、スターリン様式から社会主義的なモダニズムへと中心が移っていた。現にこのテレビ塔も無駄な装飾は排され機能を重視した近未来的な風貌になっている。

カール・マルクス・アレーは現在ではきれいに整備されているが、東ドイツ時代の雰囲気を色濃く残しており、文化財としても保存されている。一部には、このカール・マルクス・アレーと旧西ベルリンの「インターバウ1957」を一緒にして、東西ベルリンが分断されながらも互いに影響を与え合って〝共進化〟したことを理由に世界文化遺産に登録しようとする動きまである。その成否はわからないものの、こうした動きから見ても旧東ベルリン地区の象徴的存在であることは確かだろう。

写真2　フランクフルター広場から見えるカール・マルクス・アレーの建築

3　ポルバの集合住宅群と社会主義観光

ポルバとは、筆者が第3章「中東欧の近代産業遺産――オストラヴァの産業遺産を中心に」で取り上げたチェコ・オストラヴァ近郊にある衛星都市である。オストラヴァ市はオーストリア帝国時代から炭鉱・製鉄都市として栄えていたため、社会主義時代には大量の労働者住宅を建設する必要があった。ポルバもその必要性から生まれたベッドタウンである。

オストラヴァ中心部から行く場合には、トラムに乗って二十分程度で着く。トラムは、西欧でも現在「路面電車ルネサンス」と呼ばれるほど見直されているが、社会主義圏の場合モータリゼーションが限定的だったところに市場経済化が進められたため、トラムは意図せざる結果として残ることになった。現に中東欧の多くの都市で路面電車が残っていたのが印象的である。西欧では路面電車暗黒時代の後に「ルネサンス」が到来したのに対し、中東欧では暗黒時代を経ずに路面電車が連続的に利用されてきたといえばいいだろうか。鉄道好きには各都市のトラムを巡るのも魅力的だろう。

閑話休題。ポルバはスターリン時代の一九五一年に建設が開始された集合住宅であり、五〇年代から六〇年代には約七万五千人が住んでいたという。このような時代の建築であるため、様式はやはり社会主義リアリズムである。

オストラヴァ中心部は、戦前はドイツ人など富裕層が住む地域だったという。いまでもその旧市街があり、十九世紀末から二十世紀初頭までのアールヌーボー建築やモダニズム建築などが点在している。このような中心部のイメージに対抗して、社会主義当局は郊外のポルバを社会主義の象徴として「資本主義に毒された」中心部から断絶させようとしたといわれている。当時、ポルバは「新しいオストラヴァ（Nová Ostrava）」と呼ばれ、製鉄業や炭鉱業が発展した中心部とは対照的に、労働者にとって健康で衛生的な都市を目指した。(2)

ポルバの地図を見ると、その都市計画の概要がわかる。やはり、左右対称、直線的で長い道路、直角に曲がった道、合理的で幾何学的な区画整理、壮大な建築群などがその特徴である。社会主義体制の成果を誇示するために、合理的に区画された都市である。

また、旧レーニン通り（現在はHlavní Třída）の公園や元文化施設（「文化の家」）など、緑が豊かな公共スペースや労働者が集うための公共施設が確保されている。前者のような大きな公園・広場を設けることは、社会主義の成果を誇示するパレードや行事の場として、当時の社会主義的都市計画の中核に位置づけられていた。アメリカでは資本主義的なカフェやバーなどがコミュニティーを支える施設として重視されたのに対抗して、社会主義では〝健全な娯楽〟の場として前記の公園・大通りや文化施設が重視されたようである。このように、労働者が

写真3　旧レーニン広場から見たポルバ

一体化した豊かな共同生活をいとなむことを前提に、ポルバの都市計画も策定されている。

写真3などからも、住居棟や広場は規模が大きく、政権側がその巨大さを通じて自らの威厳・威光を示そうとしたことがうかがえる。広場を軸として左右対称に配置され、高さも均一にそろえられた横長の巨大建築物群は、旧レーニン通りに立って見ると、遠近法によってさらに奥が深く壮大に見える。この設計手法は、やはりほかの独裁政権とも共通しているといえるだろう。

写真3の左右の建築を見ると、ギリシャの列柱そのまま、もしくはそれを単純化した装飾が見られる。それに加え、写真4・5にあるように、アーチ状の凱旋門を思わせるエントランスなど、伝統的様式も織り交ぜられている。これらには古典主義などからの影響が見られる。ギリシャ・ローマの芸術的伝統が、形態を若干変えながらも、社会主義の威厳・威光を誇示するものとして再利用されているのは皮肉だともいえる。ここでは、伝統的な装飾の美が強調されていて、伝統を重視することで、社会主義的人間になりきれない人々に美や権威を訴える仕組みになっていたのだろう。

ポルバの代表建築としてオブロウク（Oblouk）が挙げられる（写真4・5）。これはチェコ語でアーチを意味し、そのアーチや尖塔などには典型的な社会主義リアリズム様式が見られる。サンクト＝ペテルブルクにあるロシア帝国時代の参謀本部からの影響とともに、チェコの有名な観光地チェスキー＝クルムロフなどからの影響も見られるという。このようにチェコの伝統文化を参照しているのである。

写真4　ポルバの代表的建築オブロウク：1

写真5　ポルバの代表的建築オブロウク：2

写真6　ポルバに見られるスグラフィト

ポルバの建築には社会主義的な労働者や農民、子どもの彫刻・銅像や壁画もある。そこでも、このような偶像を通じて社会主義の成果を喧伝しようとしていたことが見て取れる。そのうち、壁画にはレリーフやスグラフィトと呼ばれる技法が使われている（写真6）。特に後者は二色以上の漆喰を使って絵を描く手法で、チェコでも有名な伝統建築に使われていた。社会主義リアリズムは社会主義圏を通じて普遍的な様式ではあるが、その一部では土着の文化を取り入れたチェコ的な変異を遂げている。

建築家は、たとえばその建築のルネサンス・スタイルのスグラフィトや彫像、他の装飾のように、〔社会主義リアリズム建築に：引用者〕チェコの歴史のモチーフも持ち込もうとしたのである。(3)

このような特徴は、チェコだけではなく旧社会主義諸国で共通してみられるものだった。すなわち、社会主義リアリズムはソ連から強制された建築様式としての顔だけではなく、それを各地の土着文化と適合させようとした面があるのである。

ポルバでは、社会主義リアリズムの建築群周辺にスターリン批判以後の時代のパネラックも並んでいるが（写真7）、パンフレットが推奨する観光ルートには含まれていない。ポルバの観光資源化はここ十年あまりの間に進んでいる。マリウシュ・チェプチンスキによると、一九八三年の観光地図にはポルバの

写真7　ポルバのパネラック

ことは全く書かれておらず、ようやく二〇〇三年に歴史的保存地区になり、〇六年になって観光地として取り上げられるようになった(4)。すなわち、ポルバの観光資源や遺産としての価値が再発見・再認識されたのは、社会主義体制が崩壊して十年以上たってからなのである。スターリン様式の建築がいまやチェコ社会主義時代の象徴のようにみなされ、まだ大量に観光客が訪れているわけではないが、英語などでパンフレットが作られ、外国人に推奨する観光地になっている(5)。外国人が社会主義時代を擬似体験できるアトラクションという位置づけだろうか。私たちも、訪問時、スターリン様式の異様さと壮大さに圧倒された。その意味で、スターリン様式は国民にとっては不幸な歴史を想起させる負の遺産かもしれない（現地住民には政治的なことを感じさせない日常の風景でもあるだろう）が、他方で外国人から見ると社会主義時代を追体験できる観光スポットに映るのである。すなわち、その国民の目線と外国人の目線との間にズレを感じさせる文化遺産でもある。

むすびにかえて

以上のように、社会主義時代を縦糸、集合住宅を横糸としてその文化遺産の観光資源化の現状を見てきた。社会主義時代の文化遺産全般にいえることだが、国内の人々から見た場合のアンビバレントな評価と、外国人から見た場合の旧東欧を体現する建築・風景といった対極のイメージとが交錯している。その意味で、社会主義時代の集合住宅は両義的で論争的な文化遺産だといえる。

注

（1）観光パンフレット "Communist Tours®" から。

（2）Czepczyński, Mariusz, *Cultural Landscapes of Post-socialist Cities: Representation of Powers and Needs*, Ashgate, 2008, pp.77-80, Smisek, Peter, "Socialist Realism in Czechoslovakian Architecture: Architectural and Urbanistic Principles as Demonstrated in Ostrava's Poruba, with a Side Step to Havířov", pp.21-22. (http://issuu.com/postscripting/docs/historythesisps1.2/)［二〇一八年一月十日アクセス］

（3）"Poruba Urban Heritage Zone" (https://www.ostrava.cz/en/turista/co-navstivit/prochazky-ostravou/mestske-pamatkove-zony/)［二〇一八年一月十日アクセス］

（4）Czepczyński, *op.cit.*, p.92.

（5）USE-IT, "Ostrava". USE-ITは、地元の人々が欧州各都市の若者向け観光地図を作成している非営利のネットワークである。オストラヴァの地図も作っていて、二〇一三年に入手したものを使用した。

第6章　ドイツ映画〝文化遺産〟のリメイキング
――「メディア都市」バーベルスベルク

加藤裕治

1　バーベルスベルクについて――「テーマ化」という観点から街を見る

ドイツ、ベルリンから二、三十キロほど南西にあるブランデンブルク州の州都ポツダム。多くの日本人にとっては、第二次世界大戦後の戦後処理について話し合われたポツダム会談が開かれた街として知られているだろう。ポツダム会談が開かれたツェツィーリエンホーフ宮殿や、プロイセン王国の時代にフリードリヒ二世によって建築されたサンスーシ宮殿は、ユネスコ（国連教育科学文化機関）の世界文化遺産にも登録されている。街の中心にはハーフェル川が流れ、伝統的な建物が並ぶ落ち着いた雰囲気を持ちながら、多数の観光客が訪れるにぎわいも見せる街である。

バーベルスベルクは、ハーフェル川のベルリン側に位置する地区にあたる。当初、ノイバーベルスベルクと呼ばれたこの地にビオスコープ社が映画スタジオを建設して撮影を始めたのが一九一二年だった。それ以後、ドイツを代表する映画会社であるＵＦＡ（Universum Film AG）もこの地に映画スタジオを構え、バーベルスベルクはドイツだけでなく世界の映画産業の中心となったのである。

しかし、ナチス政権時代には国家統制下に置かれ、第二次世界大戦の終結時にはソビエト軍の占領下となり、その後は東ドイツ（ドイツ民主共和国）へと至る苦難の時代をたどる場所となった。ただしこの地が映画と関わりがなくなることはなく、旧東ドイツ時代には唯一の公式映画製作機関ＤＥＦＡ（Deutsche Film AG）の拠点であった。

そして東西ドイツ統一という激動の時代が到来する。老朽化したバーベルスベルク撮影所は閉鎖の危機に見舞われた。しかし、多くの文化人や経済人、政治家の間からこの地を「映像メディアセンター」としてよみがえらそうとする機運が高まり、再建計画が持ち上がった。一九九〇年以降にこの計画が進み、バーベルスベルクは当地の伝統である映画だけでなく、テレビなどを含むメディア産業をベースとした「メディア都市」と呼称されるに至ったのである。ドイツ映画の伝統という〝文化遺産〟を利用しながら、新たなメディア産業の街として、現在のバーベルスベルクは成立している。

本章では、こうした歴史的な遺産を継承しながら発展を進めるメディア文化産業の街バーベルスベルクの現在を、テーマ化という観点で紹介したい。ここでのテーマ化とは、ある対象や場所のリメイキング（remaking）であるとするスコット・Ａ・ルーカスの指摘を参照している。ルーカスによればリメイキングとは、ある文化が存在する場所に別の文化を介在させることで、都市のロケーションの意味を重ねていくことだという。(1)つまり、これまでの都市空間に新たな文化が介在することは、前の文化を消去することではなく、新たな意味（＝テーマ）が重なる多層性を持つ空間になることと考えるわけだ。このテーマ化というキーワードをもとに、ドイツ映画の伝統を担ってきたバーベルスベルクの街の現在を見ていきたい。

2　バーベルスベルクの映画産業の来歴について

さて、バーベルスベルクの映画文化に関わる歴史的背景についてあらためて簡潔に記しておこう。

先述したように、一九一二年にドイツ・ビオスコープ社がこの地に当時最先端の映画スタジオであるガラスハウスを建設し、撮影を始めた。その後、より大規模なスタジオが建設され、さらに第一次世界大戦でドイツは敗れたが、この地の撮影所はフィルム倉庫や道具庫などを加えることで、より拡大していく。二一年にはUFAがデークラ・ビオスコープ社と合併し、バーベルスベルクに居を移すことになる。それによりUFAは、当時ドイツで唯一ハリウッド・メジャーと本格的に競争できる映画会社になるのである。(2)

以後、バーベルスベルクはドイツ映画産業の中心となり、フリッツ・ラング監督の『ニーベルンゲン』(一九二四年)や『メトロポリス』(一九二七年)をはじめとする、ドイツの著名な映画が次々と撮影されていく。また例えば一九二五年には、フリッツ・ラングと並び称される『吸血鬼ノスフェラトゥ』(一九二二年)などを監督したフリードリヒ・W・ムルナウによる『最後の人』の巨大セットを、当時ドイツにいた青年時代のアルフレッド・ヒッチコックが横目で見ていたというエピソードも残る。(3) このように、バーベルスベルクはドイツの映画産業の歴史と並走した街だった。

しかし第二次世界大戦終結後、先述したように一時ソビエトの占領下に置かれ、さらに旧東ドイツ時代には唯一の公式映画製作機関であったDEFAの拠点となる。そして一九四六年から九〇年まで、このバーベルスベルクの撮影所では、数多くのプロパガンダ映画や教育映画が生み出された。なおこのDEFAについては、東京国立近代美術館フィルムセンターが二〇一六年にDEFA財団やドイツ・キネマテークとともに、「DEFA七十周年　知られざる東ドイツ映画」として、日本でほぼ初めてとなる大規模な回顧上映を開催したことも付記しておきたい。

この伝統ある撮影所はベルリンの壁崩壊後、一九九〇年には民営化された。その際にスタジオ・バーベルスベルクの社長になったのは、『ブリキの太鼓』（一九七九年）などの作品で知られ、ニュー・ジャーマン・シネマを代表する監督フォルカー・シュレンドルフだった。この民営化を引き受けた信託公社は、九二年に撮影所をフランスのコンパニー・ジェネラル・デ・オ社（その後ヴィヴェンディユニヴァーサル）に売却、そして同社は十二年間にわたって約五億ユーロを撮影所とメディア都市のインフラ整備に投資した後、二〇〇四年にはFBB（ベルリン＝ブランデンブルク映画企業体）に売却したという。(4) なお、東西ドイツ統一後のこうしたバーベルスベルクの映画産業から「映像メディアセンター」への変遷をめぐっては、NHKが『ドイツ・映画の都バーベルスバーグからの挑戦』というドキュメンタリー番組を制作して一九九四年一月十四日に放送している（筆者は未見）。

このように映像制作に対して百年以上の歴史を持つこの街は現在、映画の撮影所だけにとどまらず、多数のメディア関連企業や関連施設、娯楽施設、そして教育機関を集積する複合的なメディア都市になっている。例えば、映画関連のアミューズメントパークであるフィルムパーク・バーベルスベルク、またテレビ番組・映画制作会社となっている現在のUFA本社、ドイツ放送資料館（DRA）、ベルリン＝ブランデンブルク放送（RBB）のテレビおよびラジオセンター、あるいはコンラート・ヴォルフ・バーベルスベルク映画・テレビ大学などがある。

次節からは、こうしたバーベルスベルクの現在の状況について報告したい。

3 バーベルスベルクの現在——街の状況

娯楽施設——フィルムパーク

ベルリンからバーベルスベルクに向かう際には、公共交通機関を利用する場合はSバーンに乗車し、その終点

写真1　フィルムパーク・バーベルスベルク

であるポツダムで下車する。駅前からバスに乗車しておよそ二十分程度で到着する距離にある。またポツダムほど大きくはないが、一つ手前にバーベルスベルクの駅もあり、ここからはバスであれば五分程度、徒歩では二十分程度で撮影所に着く。バーベルスベルクの駅から閑静な住宅地を通り過ぎて撮影所方面に向かって歩くと、フィルムパーク・バーベルスベルクが現れる。

このフィルムパークは、映画をテーマとした体験型のアミューズメントパークである（写真1）。バーベルスベルクの撮影所の隣に一九九一年に作られ、二十以上のアトラクションがある。場内に入ると、そこからメインストリートがまっすぐに伸びている。そのメインストリートの両脇にはキングコングや『メトロポリス』のアンドロイドのマリアなど、映画に登場するキャラクターの像が並んでいる。目を引いたのは、そこにカール・マルクスとフリードリヒ・エンゲルスの像が並んで設置されていることだった。フィクションのなかのキャラクター同様の扱いがなされているように見え、東ドイツ時代をフィクションと捉えている

写真2　メトロポリスホール

ような、一種の皮肉のようにも感じられた。メインストリートの奥にはＵＦＡのロゴが飾られている。

映画をテーマとしたアトラクションとして、例えばウォルフガング・ペーターゼン監督による『Ｕボート』（一九八一年）をもとにしたオリジナル・セットによる潜航シミュレーションなどがあり、その他にもホラーハウス、４Ｄアクション映画などが楽しめる。また二千五百人を収容できる火山をモチーフにしたアリーナがあり、カーチェイスやクロスバイクを利用したスタントショーといったイベントが上演されている。

細かな意匠／景観

フィルムパークの入り口に向かって右隣には、様々なアートフェアやフォーラムなどに利用される巨大な多目的スタジオ施設のメトロポリスホールがある（写真２）。その道路から見える壁面には映画撮影のワンシーンと思われる巨大写真が吊り下げられている。

一方、バーベルスベルクの街中にも、メディア都市を感じさせる様々な意匠が施されている。例えばフィルムパークのバス停はカメラのイラスト入りである（写真３）。またバーベルスベルク撮影所のロゴであるアンドロイド・マリアのシルエットが街中に点在しており（写真４）、さらにドイツを代表する女優であるマレーネ・ディートリッヒの名を冠した道路などが存在し、それを示す標識が街中にみられる（写真５）。フィルムパークの入り口から撮影所の入り口に至る道の途中の建物の壁面には、ドイツ映画に出演した俳優のイラストが描かれていたりする。

このようななにげないアイテムや名称が、映画文化の伝統を持つメディア都市というテーマの醸成に一役買っていて、この街を訪れる人の映像産業に対する想像力を刺激するように見受けられた。

写真3　フィルムパーク前のバス停留所（カメラのマーク）

写真4　撮影所入り口のサイン

写真5　マレーネ・ディートリッヒ通りのサイン

バーベルスベルク撮影所

フィルムパークに隣接し、バーベルスベルクの撮影所がある（写真6）。二万五千平方メートルの敷地に十六のスタジオがある。周辺には映画やテレビなどのメディアに関連する約百社の企業が存在し、劇場用映画、アニメーション、ドキュメンタリー、テレビ番組などを制作している[5]。撮影所の正門にはガラス張りの守衛室があるが、その壁面にも『メトロポリス』のマリアのロゴがデザインされ、バーベルスベルクの映画スタジオらしい雰囲気が感じられた。

撮影所では近年でも、クエンティン・タランティーノ監督作品で第二次世界大戦中のナチス占領下のフランスを舞台にした『イングロリアス・バスターズ』（二〇〇九年）や、ロマン・ポランスキー監督の作品で第二次世界大戦のポーランドを舞台にした『戦場のピアニスト』（二〇〇二年）など、多数の著名な映画作品が撮影されている。なお撮影所入り口の脇には現在制作中の映画名が記されていたが、今回の訪問の際は、例えばスティーヴン・スピルバーグ監督による冷戦下のスパイ交換をテーマにした『ブリッジ・オブ・スパイ』（二〇一四年）の名もあった。

写真6　撮影所入り口

放送関連産業

この撮影所の入り口はメディア産業関連の会社や放送局が並ぶ道路に面している。きわめて閑静で落ち着いた雰囲気の街並みのなかに、メディア企業のオフィスやスタジオが点在しているといった様子だった。道路を挟んで撮影所の反対側には現在のUFAのオフィス（写真7）があり、また撮影所を過ぎるとドイツの公共放送である第二ドイツテレビ（ZDF）のスタジオがある。さらにその奥にはドイツ公共放送連盟（ARD）に加盟するRBBの放送センターやラジオステーションが点在している。

ここでドイツの放送について簡単に触れておきたい。ドイツはナチスのプロパガンダ放送への反省があり、また戦後の放送制度の再建がイギリス、アメリカ、フランス、ソ連の占領地区ごとに異なっていた。そのため第二次世界大戦後、放送は中央の連邦ではなく州の管轄となり、特に西ドイツでは公共放送が各地方で分割され、その放送網を形成していた。(6) こうした放送網が共同して一九五〇年に設立したのがARDである。先述したRBBもこのARDに加盟している放送協会であり、ベルリン都市州とブランデンブルク州に放送エリアを持っている。

写真7　現在のUFAオフィス

またZDFは、一九六一年に全州が共同で設立した公共テレビ放送で、ARDとは異なって法人格を持つ単一の組織である。(7) こうした放送の関連施設が、撮影所の周囲に点在しているわけだ。

そのほかにも、ドイツ州メディア監督機関（州政府・州官庁から独立した商業放送の規制監督機関）の一つ、ベルリン・ブランデンブルク州メディア監督機関（Mabb）の関連組織であるMIZ（Medieninnovationszentrum Babelsberg）などが存在する。ちなみに、この組織は先進的なメディア横断型のプロジェクトへの出資や、メディアに関連する専門性の促進を担う役割を持っているという。対象は学生から企業、メディアの専門家やジャーナリストに及び、大学やリサーチ組織、技術やメディア企

業などとパートナー関係を結んでいる。(8)

写真8　コンラート・ヴォルフ・バーベルスベルク映画・テレビ大学

教育機関——大学

さらにこのメディア都市で大きな役割を担っているのが、コンラート・ヴォルフ・バーベルスベルク映画・テレビ大学である（写真8）。この大学はブランデンブルク州にある唯一の芸術大学であり、映画やテレビといった映像関連の教育がその中心を占めている。大学の設立は一九五四年のドイツ映画芸術大学がその嚆矢とされ、その後六七年にはドイツ民主共和国映画・テレビ大学となり、八五年にコンラート・ヴォルフ映画・テレビ大学、そして九〇年にポツダム＝バーベルスベルク映画・テレビ大学コンラート・ヴォルフとなった。九九年から二〇〇〇年にかけては新たな大学の建物が建築され、一万二百四十六平方メートルの面積を持っている。(9)

大学は斬新なデザインの建築物で構成されていて、映画・テレビをはじめとした映像の教育をおこなう大学にふさわしい外観を持っている。印象的な建築デザインのため、街の景観にも強いアクセントを与えている。

この大学は、バーベルスベルク撮影所、ポツダム映画博物館と協力関係を結んでいるだけでなく、多くの大学とも交流協定を結んでいるという。またメディア都市としての位置づけから、バーベルスベルクでは映画見本市が開催され、メディア関係者に学生が最新作品を紹介したり、ミュンヘン映画・テレビ版権協会（GWFF）とベルリン・ブランデンブルク放送局との共同で、「バーベルスベルクメディア賞」のなかの「ドイツ語による児

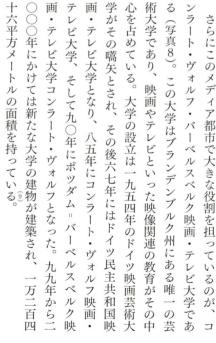

写真9　ポツダム　映画博物館

童・青少年プログラム最優秀エーリヒ・ケストナー賞」などの賞を授与している。[10]

加えて、年に一度、国際学生映画祭が春先に五日間ほどの期間で開催されている。参加作品は長篇映画、短篇映画双方で、ジャンルもアニメーション、ドキュメンタリー、物語映画、子ども向け、ミュージックビデオなど多岐にわたり、参加者は数千人にも及ぶという。[11]こうしたイベントの開催についても、メディア都市というテーマとの連関の強みが出ている。

ポツダムの映画博物館

バーベルスベルクのメディア都市地区内ではないが、ポツダム駅から徒歩十分程の場所に映画博物館[12]がある（写真9）。この映画博物館は、旧市宮殿の厩舎を利用した横長の建築内にあり、二〇一四年にリニューアルオープンしたものだ。ドイツのスクラダノフスキー兄弟による、ロールフィルムで撮った連続写真をスクリーンに拡大映写するビオスコープ（bioscope）や、DEFA時代のカメラや照明機器などの映画機材、マレーネ・ディートリッヒをはじめとするドイツ人スターの写真や遺品、そのほか第二次世界大戦以前のフリッツ・ラングの映画作品（『ドクトル・マブゼ』『メトロポリス』）

関連の資料、また戦後のニュー・ジャーマン・シネマに関わる映画監督の紹介などが展示されている。撮影機材などが飾られているエントランスは白い壁が基調になっていて、大変開放的な空間である。またポツダム駅側にはフィルムカフェが併設され、その眼前にはトラムのステーションや広場があり、人々が集う利便性が高い場所に博物館が存在している。そのため、周囲は観光客や地元の人々でにぎわっており、そのロケーションのよさが印象的だった。

おわりに

以上、バーベルスベルクの現状と、ポツダム市にある映画博物館について紹介した。この地区は、ドイツ映画文化を長らく担ってきた撮影所を中心にして、その多層的な歴史の記憶＝テーマをうまく利用しながら街が作られていると感じられた。日本では、その地域と関係のないテーマを持ち込んだ施設の導入や環境整備をおこなったりする場合もあるが、このバーベルスベルクは、真正性が高い歴史と伝統のうえに現在のメディア都市が成立している。まさに映画をめぐる「文化遺産」をうまく継承しながら、それを映像・メディア産業の集積や観光資源へと結び付けているのである。

ポツダムは、フリードリヒ大王の離宮であるサンスーシ宮殿や、ポツダム会談で使われたツェツィーリエンホーフ宮殿などを擁する世界遺産の街である。こうした世界遺産と一見、異質に思える映画やテレビといったメディア文化をも包括的に取り込み、ポツダムの「文化」として情報発信[13]している点は、注目すべき文化政策だといえる。

注

（1）Scott. A. Lukas, "The Themed Space : Locating Culture, Nation and Self" (Scott A. Lukas ed., *The Themed Space : Locating Culture, Nation and Self*, Lexington Books, 2007.)、および "Scott A. Lukas"（〔www.scottlukas.com〕［二〇一七年九月十七日アクセス］）を参照。

（2）クラウス・クライマイアー『ウーファ物語——ある映画コンツェルンの歴史』平田達治／宮本春美／山本佳樹／原克／飯田道子／須藤直子／中川慎二訳、鳥影社・ロゴス企画部、二〇〇五年、七二—九一ページ

（3）Michael Wedel, "The Beginnings(1912-1921)", *100 Years Studio Babelsberg : The Art of Filmmaking*, teNeues, 2012, pp.12-113.

（4）フランク・ゲスナー「バーベルスベルク——神話と真実1912-2006」山下秋子／富田美香訳、「アート・リサーチ」第七号、立命館大学アートリサーチセンター、二〇〇七年、五六ページ

（5）同論文五六ページ、"Welcome to the City of Culture Potsdam" (https://en.potsdam.de/content/welcome-city-culture-potsdam)［二〇一七年九月十七日アクセス］参照

（6）NHK放送文化研究所編『NHKデータブック世界の放送2015』NHK出版、二〇一五年、一六八ページ

（7）同書一七一ページ

（8）"Medieninnovationszentrum Babelsberg" (http://www.miz-babelsberg.de/)［二〇一七年九月十七日アクセス］参照

（9）前掲「バーベルスベルク」五七—五八ページ

（10）同論文五八—五九ページ

（11）"Welcome to the City of Culture Potsdam" (https://en.potsdam.de/content/welcome-city-culture-potsdam)［二〇一七年九月十七日アクセス］と "Sehsüchte International Student Film Festival" (https://sehsuechte.de/)［二〇一八年一月六日アクセス］を参照。

（12）なお、ベルリン中心街の「ポツダム広場」(Potsdam Platz) には、同じく映画博物館の「フィルムミュージアム・

ベルリン」が存在している。

(13) “Welcome to the City of Culture Potsdam” (https://en.potsdam.de/content/welcome-city-culture-potsdam)〔二〇一七年九月十七日アクセス〕参照

第7章　産業遺産と商業・芸術文化施設の邂逅

――ポーランド・ウッチとカトヴィツェの例から

根本敏行

はじめに――中東欧の産業遺産とその文化施設などへの転用

世界的に産業遺産が文化施設などに転用されることが多くなり、中東欧でもそのような動きが活発になっている。その背景としては、次の点を指摘することができる。

中東欧に残った近代産業設備の遺産の特徴が、時宜にかなって冷戦後の新しい都市・地域発展の潮流に合致したことである。以前は東西を問わず、近代以降の工場や鉱山といった古い産業施設は現代社会には不要で、機能的にも景観的にも社会的にも、危険で好ましくないものとされていた。しかし、近代以降の産業遺産がユネスコ世界遺産に登録されるなど、近年ではこれらは地域の歴史を体現する貴重な遺産であると考えられ、ほかにはないユニークな景観として保全すべき対象になっている。さらに、商業物販をはじめ、各種サービス業や博物館、芸術文化活動の受け皿として、観光などの集客施設として、こうした歴史的な建造物を再活用することが一種の流行ともなっている。特に、最先端のコンテンポラリーアートの創作、展示、交流の場として、一見場違いのようなレトロな雰囲気の産業施設が活用される事例が増えている。これらは、異なる時代背景や産業と芸術という属性・文脈を意図的にクロスさせて、より印象深い、示唆に富んだ創造性を発揮させようという試みであり、それが多くの市民の耳目を集め、支持されるという好循環を生んでいるものと見ることができる。逆に、産業遺産の側から見れば、ともすると厄介者扱いされてきた施設が、「アートのチカラ」によって独特の輝きを放つ魅力的な施設に変身することができたということになる。ポーランドなど東欧の工業国の産業遺産は、東西冷戦期を通じて、いわば周回遅れのランナーのように残存してきたわけだが、民主化・自由化後の新しい都市開発・整備の潮流に乗り、西側以上にその利活用が注目され、西側をしのぐ勢いで一挙に展開しているものといえるだろう。

一般的に、こうした産業遺産施設の再整備としては、「屋外博物館型」「総合商業施設型」「芸術文化施設型」と、それらが合体した「複合型」がある。最も一般的なのは、旧産業施設をそのまま保存・展示内容として屋外博物館化するものだが、本章では、新たに異なる領域の機能を導入するケースとして、総合商業施設型、芸術文化施設型と、両者が合体した複合型を取り上げる。具体的には、総合商業施設型と芸術文化施設型の複合型としてウッチのマヌファクトゥーラを、芸術文化施設型としてウッチの中央織物博物館とカトヴィツェのシプ・ヴィルソンとを取り上げる。これらの事例から、産業遺産の芸術文化施設への転用、ひいては産業遺産とアート・文化との関係について実態に即して紹介したい。

1　ウッチのマヌファクトゥーラ

ウッチの概要

人口約七十五万人、ポーランドではワルシャワ、クラクフに続く第三の都市で、東欧でも有数の工業都市だったウッチは、ツーリズムの領域ではほとんど知られていなかった。しかし、およそ三十ヘクタールにも及ぶ広大な複合綿製品一貫製造工場跡地が、巨大ショッピングモールやホテル、三館のミュージアムが集積する複合再開発地区マヌファクトゥーラとしてよみがえり、国内外からの集客の拠点として、また、衰退した第二次産業の町から新しい第三次産業の町に転換した成功例として、にわかに脚光を浴びている。同様の大規模開発は東欧各地に展開されつつあるが、マヌファクトゥーラは元の工場の建物などの残存状態が良好で、古いテクスチャーを生かして上手に再利用された事例として他を圧する高品質な雰囲気を作り出している。

ほかにも、ウッチには国立映画大学、映画博物館、アニメーション博物館、ウッチ音楽院、ヴワディスワフ・ストジェミンスキ美術学校、ウッチ大学、ウッチ工科大学など、隆盛を誇った繊維産業による富の蓄積を背景とした魅力的な文化施設が集積している文化の町でもある。

ウッチの沿革

ウッチは、十八世紀末までは人口わずか百七十人ほどの小さな田舎《いなか》町にすぎず、ポーランド人と若干のユダヤ人が住んでいるだけだった。発展の転機は国土分割後の一八一五年、ウッチがロシア統治下のポーランド立憲王国領となったときに訪れた。二〇年に、著名なポーランドの科学者スタニスワフ・スタシッツと、マゾヴィエツキ郡の領主委員会委員長ラジムンド・レンビエリンスキが調査した結果、繊維産業の立地にとって完璧な条件を備えた土地であることがわかったのだ。二一年、宗主国ロシアはウッチを工業地域として開発する方針を立て、ドイツやロシアの外部資本を導入し、織物工業や紡績工業を集積させていった。

工業化は最初ドイツ人がリードしたが、労働需要の増加に伴ってポーランド人やユダヤ人（ユダヤ系東欧人）もこれに加わっていった。最初の近代的な工場はザクセンから来たドイツ人ルードヴィッヒ・ガイヤー（ルドヴィク・ガイヤー）によって一八三七年に開設され、そのわずか二年後にはポーランド最初の蒸気機関が導入された。その後企業家が続々と参入してくるが、後述するユダヤ人事業家のイズラエル・ポズナンスキもその一人で、ウッチ最大の事業主となる。やがてウッチのスカイラインは多数の煙突で埋め尽くされ、その独特の都市景観はポーランドのマンチェスターとも呼ばれるほどだった。

第二次世界大戦後、社会主義政権下ですべての民間企業が国有化され、資本家は駆逐される。続く冷戦時代にはソ連を盟主とする東側経済ブロック（コメコン）のなかで再び工業都市として発展に向かうが、結果的に西欧に比べれば設備投資などは量・質ともに低い水準にとどまった。そしてソ連崩壊と東欧民主化後、工場は再び民営化されたが、設備の老朽化や従来の東側ブロックの市場の喪失などでほとんど生き残ることはできなかった。その半面、古い工場などが貴重な近代産業遺産として旧来の姿のまま残存したことで、映画のロケや今日の再開発など、産業遺産を活用した新たな文化産業や都市開発の手掛かりになったのは皮肉なことである。

マヌファクトゥーラ

前記のウッチ最大の事業主ポズナンスキが経営していたコットン王国跡地にできたマヌファクトゥーラは、ウッチの観光、商業、娯楽、文化、芸術の最大の拠点としてにぎわっている。ソ連崩壊後の民主化と開発ブームのなかで、一九九九年、フランスの不動産開発会社アプシスが跡地を入手し、その関連会社ポーランド・アプシス社が開発に乗り出した。入念な調査と準備を経て二〇〇三年から三年間をかけて再生し、今日の姿となった。建築デザインにはフランスやイギリスの有名な設計事務所が協力しているが、彼らはウッチに滞在して街を観察し、その住人や文化を学んで、慎重にデザインのイメージを作っている。

古い赤レンガの工場群と、後から追加された鉄とガラスのポスト・モダン・デザインの建物とが混然一体となっているが、基本的に赤レンガ主体の産業遺産については軀体を修復保全してそのまま活用しながら内装を更新し、また現代のニーズに適合させるために適宜新しい鉄やガラスなどを使った改修をおこなっていて、独特の魅力的な景観を作っている（写真1）。

広大な敷地はおよそ三十ヘクタールで、再整備された延べ床面積は約九万平方メートルに及ぶ。敷地内には巨大ショッピングモールやホテル、レストランとパブ、映画館、ミュージアム三館などが立地する。オープン後す

写真1　マヌファクトゥーラ遠景

ぐ、ポーランド政府観光局から「ベスト・ツーリズム・プロダクト」の金賞を授与され、また敷地内の赤レンガの紡績工場を改装した四つ星ホテル、アンデルス・ホテル・ウッチは「ヨーロッパ・ホテル・デザイン・アウォード二〇〇九」で最優秀賞を受賞するなど、高い評価を得ている。以下ではそのうち博物館などの文化施設に限定して紹介しよう。

①ウッチ市博物館

一九七五年にポズナンスキの大邸宅に入居した博物館（写真2）。ウッチ市民の暮らしの様子や歴史伝統を物語る貴重なコレクションを展示している。「ウッチの有名人・偉人のギャラリー」では、ウッチにゆかりのある人々の遺品や記念品を展示していて、特に（幼少時代をウッチで過ごした）ピアニスト、アルトゥール・ルービンシュタインのコレクションが充実している。そのほか、第二次世界大戦時の地下活動の特使など数々の業績をあげたユダヤ人、ヤン・カルスキの間、邸宅の主だったイズラエル・ポズナンスキの書斎、彼とその一族の豪華な家具や調度品などが見学できる。オーク材と豪華な装飾塑像をふんだんに使った「大食堂」は、邸宅内で最も美しくエレガントな部屋である。一階にはポーランドの有名画家たちのギャラリーもある。

写真2　ウッチ市博物館（ポズナンスキの邸宅）

写真3　ms^2美術館

②ms²美術館

このウッチの美術館は、一八九五年に最盛期を迎えた、工場群のなかで最も古い「高層の」織物工場棟（五階建てのマンチェスター・タイプ）を改装している（写真3）。msはポーランド語のMuzeum Sztukiの頭文字で、「美術館」を意味している。ここのメイン・コレクションは、ポーランドの前衛芸術のグループ（ヴワディスワフ・ストジェミンスキ、カタリナ・コルボら）によって、一九二三年から三一年に収集されたものである。彼らは、西欧の有名画家（ジャン・アルプ、パブロ・ピカソ、フェルナン・レジェなど）に作品の提供を呼びかけたとされる。西欧州の二十世紀から二十一世紀にかけたモダン・アート作品を集めていて、例えばマルク・シャガール、マックス・エルンスト、パウル・クレー、そしてポーランドのヴィトカツィ（本名スタニスワフ・ヴィトキエヴィチ）やタデウシュ・カントルらの作品を通して、その時代の趨勢がわかる展示を得意としている。

③工場博物館

工場博物館は、十九世紀、ポズナンスキによって建てられた織物工場の仕上げ工程をおこなっていた建物に入居している。設計は、ワルシャワ蜂起博物館で有名なミロスワフ・ミジオである。インタラクティブな展示で、本工場群の創業から閉鎖までの歴史を紹介している。常設展示の内容としては、動態保存された十九世紀当時の紡績機、古い歴史資料などがある。

中央織物博物館

マヌファクトゥーラとは別に、産業遺産を博物館としている例として中央織物博物館がある。同博物館は、ウッチで最初の近代的な織物工場となったルドヴィク・ガイヤーの「白亜の工場」（外壁が白く塗られている）を利用している。「白亜の工場」は、ポーランド初の古典的デザインの巨大工場コンプレックスであり、ポーランドで最も美しい工場建築の一つとされる（写真4）。

写真4　ガイヤーの「白亜の工場」

ウッチは繊維産業の歴史的な蓄積がある都市であることから、すでに一九四六年には、ウッチに織物博物館を作ろうというアイデアはあった。発案したのは市政府、文化芸術省などで、五一年まで検討が進んでいたが、五二年になってようやく、博物館の所管ではなく繊維庁の所管で、既存のウッチ美術館のなかに織物部門が作られた。その後、コレクションは急速に充実し、織物関連の展示が大いに関心を集めたため、美術館の分館として新しく独立した分野の博物館を作ることが決まり、六〇年に織物の歴史博物館が設立された。さらに七五年にはウッチ美術館とは別の独立した組織として中央織物博物館と改称された。そして、互いに接続する四棟の時代が異なる工場棟と中庭の蒸気機関棟からなる「白亜の工場」の修理と改装を経て、同博物館は今日の建物に入ったのである。

本体の延べ床面積は一万六千平方メートル、延べ約七千平方メートルの展示スペースを誇り、これまで千件以上の企画展を実施している。展示は織物の歴史、織物の技術、織物（を使った）芸術、織物の工業デザイン、民俗織物、ファッションの歴史、修復と保存、そしてウッチの木造建築の野外博物館からなる。

一九八二年からは世界で唯一の国際タペストリー・トリエンナーレを実施し、現在最も歴史があり規模も大きい国際的な繊維芸術の祭典、コンテンポラリー・ファイバー・アートのコンペと展示会、プロモーションを展開している。筆者らの二〇一三年訪問時には、ちょうどトリエンナーレが開催されていた。通常、五十カ国から五十五カ国、百二十人から百四十人のアーティストが参加するという。

同博物館は、ほかにもポーランド国内の大規模なイベントや展示会を開催している。一九九八年からはポーランド・ミニチュア・タペストリー展を、二〇〇〇年からはアマチュア・アーチストのポーランド・クロス・ステッチ刺繍の展示会、二〇〇四年からはポーランド・タペストリーの国内展を続けている。

2　カトヴィツェのシプ・ヴィルソン

写真5　シプ・ヴィルソンの入り口（旧炭坑のゲート）

シプ・ヴィルソン（Szyb Wilson）、すなわちヴィルソン坑は、カトヴィツェ郊外、ニキショヴィエツ（Nikiszowiec）、ヤヌフ（Janów）、ショピエニツェ（Szopienice）三地域の境界にある炭鉱跡だ（写真5）。

シプというのは、英語では「シャフト」、巻き上げ機が付いた炭鉱の竪坑櫓のことで、ヴィルソンというのは、アメリカ大統領ウッドロー・ウィルソンにちなむ名称である。

カトヴィツェはシロンスク（シレジア、ドイツ語ではシュレージェン）県の県都で、同地方を代表する工業都市である。シロンスクにはヨーロッパ有数の大炭田があり、石炭のほか、亜鉛・鉛なども採掘されるポーランド最大の鉱工業集積地帯で、近代工業化が最も進んだ地域である。豊富な天然資源と産業立地は、ただでさえ国境を接する隣国の干渉を受け続けたポーランドにとって、最も熾烈な争奪の対象になってきた。

シプ・ヴィルソンは自然環境、社会環境ともに荒廃した産業衰退地域のなかで、放棄された炭鉱施設をアートセンターに改装して、地域の社

写真6　ギャラリー内部

会環境を改善しようという文化政策の一端を担う施設である。

以下、同施設のウェブサイト（http://www.szybwilson.org/）などを参考に概要を紹介する。

沿革

ヴィルソン坑の歴史は一九二六年にさかのぼる。修復され再整備されているギルドホールと蒸気機関棟などを含む炭鉱の元の名前はリヒトーフェン（Richtofen）とハルダ（Hulda）だった。三五年にアメリカ大統領ウィルソンにちなんでヴィルソン坑＝シプ・ヴィルソンに改名され、第二次世界大戦後はヴィエチョレク（Wieczorek）鉱山の傘下に入った。ヴィルソンという名は、「十四カ条の平和原則」によってポーランド独立の礎を築いたアメリカ大統領ウッドロー・ウィルソンを記念して命名されたと考えられる。

一九九五年ヴィルソン坑は閉鎖され、九八年から有限責任会社プロ投資（Pro Invest LLC）のヨハン・ブラザーズ（Johann Bros）と、エコ＝アート財団（後述）の理事長モニカ・パック（Monika Pac）が支持者の協力を得て、この歴史的な施設を現代アートのギャラリーに転換する事業を始めた。事業は施設本体の修復・改装にとどまらず、周辺地域の社会再生（再活性化）事業も含んでいる。

かつての炭鉱設備を現代アートのギャラリーに転換するという考え方は、「(近代) 工業化が奪ったものは、文化で回復しなければならない」という同施設のモットーによく表れている。
アートギャラリーとしてのオープンは二〇〇一年である。その後、十年以上にわたり、重労働と努力と俗世の象徴（炭鉱）が、文化と美しさとスピリチュアリティ（ギャラリー）と絡み合い、文化と経済の調和が育まれてきたとされる。炭鉱で現代アートを鑑賞するという神聖と世俗の両方を同時に体験することが、シプ・ヴィルソンのユニークなキャラクターを強化しているのである。

概要

シプ・ヴィルソンは大・中・小三つのギャラリーからなり、展示面積は合計二千五百平方メートルに及ぶポーランド最大のプライベート・アートギャラリーである。柱がない大空間が大きな特徴だ。創始者（クリエーター）は前述のヨハン・ブラザーズとモニカ・パックである。

同施設が立地する地区は、シロンスクでも最も社会的貧困が厳しい地域の一つである。炭鉱が閉山した後、社会的にも経済的にも環境的にも荒廃した地域が残されるのは国際的に共通する課題である。

そこで、「灰色のシレジア」という近代工業衰退のイメージを払拭するために、関係者は現代的な「美」の概念を追求している。そのため、地域社会の社会的再活性化をはじめ、世界中から集まる若い意欲的で野心的なアーティスト（画家、グラフィックデザイナー、写真家、パフォーマーなど）のプロモーション、ポーランドと世界の現代アートの展示を目的としている。コレクションは非常にユニークなもので、ポーランドを中心に各国から貴重な現代アート作品を集めている。なかでも少なからぬ数の作品は、冷戦時代の社会主義や共産党をモチーフにして揶揄する政治色が強いものである。

また、クリエーターのモニカとヨハンは、ソーシャル・アートを振興し、地域の才能ある子どもや若者を支援するシレジア・エコ＝アート財団（Fundacja Eko-Art Silesia）も支えている。

ギャラリーの空間は、美術展の開催だけではなく、フェスティバル、コンサート、演劇、ワークショップや各

写真7　作品の一例　冷戦時代の秘密警察による盗聴のオブジェ

種会議の開催にも提供され、人々の出会いの場所でもあり、公共の談話の機会を広げることを狙っている。そして、世界中の有名無名のアーティストたちの展覧会が頻繁に開催されている。

シプ・ヴィルソンとシレジア・エコ＝アート財団が主催する最も重要な定期イベントの一つは、「素朴派（Naif）芸術祭」である。この陽気でカラフルなイベントでは、世界中のナイーヴ・アート（素朴派）の作品が一堂に集められる。この注目すべき事業は、アート・シーンの固定観念とバリアを壊し、長年にわたり非常に多くの芸術愛好家を引き寄せている。

芸術展以外に、映画、ミュージックビデオ、芸術写真の撮影、ファッションショーや様々なイベントの会場としても選ばれている。また企業や個人のパーティー会場としても魅力的である。脱工業時代のインテリアと美術展の組み合わせは、招待客には忘れられない経験になり、思い出に残る雰囲気を醸し出している。

シプ・ヴィルソン周辺の産業遺産・観光状況

近年、シロンスクでは産業遺産を産業観光、教育資源として活用する動きが活発化している。炭鉱を含め、シロンスクに豊富に残る産業遺産をリストアップし、ドイツのルール工業地帯ですでに展開されている産業遺産回廊のような産業記念物ルート（Szlak Zabytków Techniki）が作られ、シプ・ヴィルソンもそこに登録されている。

各地でパンフレットや地図を配布しているほか、ウェブサイト[1]も開設し、「YouTube」には「INDUSTRIADA 2015」のプロモーション・ビデオ[2]もアップしている。

案内図には三十六カ所の産業遺産が載っているが、そこには廃止されたものだけではなく現役のものも含む炭鉱や鉱山、工場、醸造所、印刷所、博物館、労働者住宅、鉄道施設、蒸気機関車などが網羅されている。

ヨーロッパ各地の同じような取り組みをつないでルート化している「欧州産業遺産の道（European Route of Industrial Heritage）」[3]では、同ルートは中欧で唯一の事例となっている。

今回、シプ・ヴィルソン近くの旧炭鉱住宅地区ニキショヴィエッツ[4]もあわせて訪問した。産業記念物ルートにも記載がある重要な場所で、美しくデザインされた労働者住宅や炭鉱関連施設、博物館や観光案内所がある。あるがままの姿を生かした野外博物館、いわゆるエコミュゼの一種といえる。

近年になって、産業観光や生涯教育、芸術振興を目指した様々な取り組みが進展している様子はうかがわれるが、まだ日本の旅行ガイドブックの類いには、カトヴィツェとその周辺への記述はほとんどない。今後の進展を見ながら継続的に調査・研究していく必要があるだろう。

おわりに

以上のように、主にポーランドのウッチとカトヴィツェでの産業遺産の文化・芸術施設への転用事例を紹介してきた。このような産業遺産と博物館、文化・芸術とのコラボレーションは世界的潮流であり、中東欧でも積極的に進められている。これは、政府が第二次産業の衰退に危機感を抱くとともに、文化・芸術といった新産業の育成を考えたとき産業遺産と文化・アートが結び付きやすかったためといえる。脱工業化していくほかの国々にとっても参考にするべき事例だろう。

注

（1）“Szlak Zabytków Techniki”（http://www.zabytkitechniki.pl/）〔二〇一八年一月十日アクセス〕

（2）“INDUSTRIADA 2015”（https://www.youtube.com/watch?t=1&v=L8ujrlqJ5Wc）〔二〇一五年六月二十四日アクセス〕

（3）「欧州産業遺産回廊（European Route of Industrial Heritage」（http://www.erih.net/）〔二〇一八年一月十日アクセス〕

（4）Joanna Tofilska, *Katowice Nikiszowiec. Miejsce, Ludzie, Historia*. Katowice, Muzeum Historii Katowic, 2007, *s.* 115. “Szlak Zabytków Techniki”（http://www.zabytkitechniki.pl/）, http://www.nikiszowiec.pl/〔二〇一八年一月十日アクセス〕

〔付記〕本章は、根本敏行「ポーランドの産業遺産と文化」（根本敏行／藤田憲一／四方田雅史／加藤裕治／静岡文化芸術大学産業遺産研究会『「旧東欧地域における産業遺産の保全と利活用に関する研究」報告書——二〇一三年度静岡文化芸術大学文化政策研究科長特別研究費』所収、静岡文化芸術大学産業遺産研究会、二〇一四年）のウッチ部分、同「ポーランド近代産業遺産の文化芸術施設への改編の動向」（「静岡文化芸術大学研究紀要」第十六号、静岡文化芸術大学、二〇一六年）のカトヴィツェ部分を、四方田雅史が再編成した。

第8章　ポーランド建築紀行
――ワルシャワ・グダンスク・ポズナン

海野敏夫

はじめに

本章は、「中東欧の近代産業遺産研究」の一部を構成しているが、研究というより旅の雑記といったほうが正しい。二〇一五年九月にポーランドの五つの都市を巡ったときに、歴史的建築や現代建築、近代産業遺産建築のリノベーションについて気づいたことをつづったものである。旧共産圏のなかでもポーランドはあまり知られていない国の一つだが、今回の調査によって、その立地ゆえに大国に翻弄された歴史的事実に反して、明るいイメージとともに国の発展を暗示する経済的活力を身近に感じられたことが大きな成果だった。

写真1　ワルシャワ中央駅前

1　ワルシャワ

ポーランドへの入国は今回が初めてである。九月四日、パリ発エールフランス機は予定どおり十四時五十分にワルシャワ・ショパン空港に到着した。こぢんまりした空港の第一印象は、清潔さと機能性だった。早速、都市高速鉄道でワルシャワ中央駅に向かった。空港駅へのアクセスや切符の購入方法もわかりやすく、すべてがスムーズだった。旅の印象は空港に降り立ったところから始まるが、ポーランドの印象は好感度大であった。ほかの旧共産国のくすんだ感じとはかなり違っていたことがそう思わせるのかもしれない。

ワルシャワは南北を貫くヴィスワ川を挟んで東西に展開するが、王宮がある旧市街は西側にあり、ワルシャワ中央駅は旧市街の南西に位置している。パリのような大都市ではないワルシャワは、旧市街の面積もさほど広くない。そのため、鉄道の中央駅はターミナル形式である必要がなく、鉄道の幹線が新市街の地下を貫通していることがその特徴になっている。

ワルシャワ中央駅前の高層ビル

駅前の高層ビル群のなかで異彩を放っているのが、大戦後にスターリン様式で建造された文化科学宮殿である。権威を示すシンメトリーのデザインは、意味なく曲線を描く現代の高層ビルに対してひときわその存在感を示している。“Less is more” とかけ離れたデザインの現代建築の無意味な曲面は、地元の人たちには嫌悪されている旧ソビエト連邦による権威主義的な建築が持つプロポーションとディテールに明らかに劣っている。オベリスクとの二千年を隔てた対比が面白い（写真1）。

写真2　屋根のフレーム

ワルシャワ中央駅前の商業施設

駅に隣接するショッピングモールがホテルと駅の中間にあったため、毎日そこを通った。駅前の商業施設群は、高層オフィスビル同様、全体の形態だけに注力したディテールの乏しい建築が多いが、このショッピングモールはシャボン玉のような有機的な形態が面白い。長方形断面を持つ角パイプを溶接し、樹状の柱によって支持されるよくあるタイプのものだが、内部空間は変化に富んでいて、吹き抜けの多用と合わせて伸びやかな空間の構築に成功している。また、屋根を構成する角パイプが集合する接合部のディテールもよく考えられている。プレートを挟み込んで角パイプを溶接しているのだが、この接合部は鋳物のように見える。もしこれが鋳物だとしたら、せいぜい三種類から五種類くらいに角パイプの角度を集約しなければ生産効率が悪くなる。そのうえでこの角度の集約に成功しているとすれば、かなりの設計能力の高さを示す建築だ。屋根材としてのガラスは三角形からなり、その留め方もシンプルで安価に処理していることもあわせて、複雑な形態を単純化するという高度な技術が駆使されている（写真2）。

ワルシャワ旧市街

ワルシャワ中央駅の北東側に位置する旧市街は、第二次世界大戦で壊滅した街並みをすべて元どおりに再建したことで広く知られている。王宮広場を囲む建築や路地の一本一本が昔からそこにあったかのような思いを抱かせる壮大な復旧であり、ポーランド人の自国の歴史に対する矜持を感じさせる。振り向くと、丘の上からヴィスワ川を挟んで見える斜張橋と吊り構造屋根のサッカースタジアムが、私たちを現代に呼び戻す。

プラガ地区の商業施設、ファブリカ・チシェヌィ（靴工場とマーマレード工場跡地）

プラガ地区は、ヴィスワ川の東側に位置し、第二次世界大戦による破壊から免れた地区である。そこのショッピングモール、ファブリカ・チシェヌィは、中央に吹き抜けを持つ五階建ての施設だが、比較的安価な商品を扱っているせいか、建築もローコストで作られている。サイン計画は、大きなピクトグラムを使用し、表現も斬新である。

スタラ・パピルニア（製紙工場跡地）――ワルシャワ郊外

スタラ・パピルニアはワルシャワ中心部から車で一時間ほどの距離にあり、周りの景色も都心とは違ったのどかな趣に変化する。元の製紙工場を想像させるレンガ造りの建築に、鉄とガラスを組み込むことで新鮮な空間を

写真3　製紙工場の廃墟

写真4　周りの水路

形成している。おそらく、以前から地域のシンボルだったのだろう。廃墟になった工場をよみがえらせているその形態は、製紙工場らしい水路を巡らせ、周りの景観構成に溶け込むように配置されている（写真3・4）。

ショパン博物館

ポーランドという国家・国民を語るとき、フレデリック・ショパンを忘れることはできない。この博物館は、古いレンガ造りの建物を使用しているが、内部は、先端的なオーディオ・映像機器が分節された空間に配置され、鉄とガラスで構成されたパネルや展示ブースなどによって、知性的なインテリアと一体となった現代的な空間に変身している。天才が現代に生きているかのような展示は、ポーランド国民のショパンに対する深い愛情を感じさせる。

2　グダンスク

この古都はポーランドの北部、首都ワルシャワからバルト海に下るヴィスワ川の三角州に位置している。グダンスク湾から運河を引き込むことで良港となっていて、十四世紀にはハンザ同盟都市として大いに繁栄した。かつてはドイツ人とも共生した自由都市の気風が、ポーランドの民主化の引き金となったことは偶然ではない。レーニン造船所（のちにグダンスク造船所と改名）の「連帯」とレフ・ワレサの活動がこの街で展開されたことは強く記憶に残っている。九月とは思えない氷雨のなか、寒さに身を縮めながら目的地を巡った。

写真5　フィルハーモニー・コンサートホール

木造クレーンとPCコンクリート製電柱（旧市街）

モトヴァ運河に面した建築のなかでひときわ目立っているのが、中世に建造された交易の繁栄を示す木造クレーン（第二次世界大戦後に再建）である。対岸には、発電所を改築した美しいレンガ造りのフィルハーモニー・コンサートホールがある。隣接したホテル棟との連絡ブリッジは軽快に鉄とガラスで構成されている。内部も、レンガ色の壁とグレーのスチール製ブリッジが、ガラスの天窓から落ちる明るい光のなかで輝いている（写真5）。

また、ポーランド各地で見られたプレキャスト（PC）コンクリート製の電柱が目を引いた。ヨーロッパでは、ときどきコンクリート製のトラス梁を見るが、この電柱もフィーレンディール（梯子状）であり、日本との発想の違いが面白い。日本のコンクリート・プレキャスト部材は、高強度コンクリートを使用したかなり精度が高い工場生産品だが、地震を考慮しなくていいヨーロッパ地域のPC材はおおらかに作られたものが多い。

連帯記念館

この記念館は、旧市街の北側、グダンスク駅の北東に位置し、駅前の道路を約二百メートル北に進むと現れる「自由の道」と名付けられた歩道によって導かれる。記念館が面する広場には連帯記念碑が屹立している。記念館の前には、各国から贈られた銘板が連帯への共感を示している。記念館の建築は、外壁一面に錆びたコールテン鋼（抗酸化鋼）を使用し、風雪に耐えた過去と未来を暗示するファサードとなっている。内部も同様のコールテン鋼が、外部の壁と呼応するかのように斜めに立っている。ふと、ダニエル・リベスキンド設計のベルリンのユダヤ博物館を連想した。設計者も建築の目的も違うのに、人間の行為に対する象徴的な表現はときとしてその根底に流れる何かを共有するのかもしれない。何とも痛々しい建築である（写真6）。

写真6　連帯記念館

3　ポズナン

ポズナンは、ベルリンとワルシャワのちょうど中間、ワルシャワの西約二百八十キロに位置し、中世のころから東西交易の中継地として繁栄した。十世紀後半から十一世紀の前半にかけ

写真7　全長約400メートルのスタルィ・ブロヴァル

てポーランド最初の首都だったこの街は、現在でもポーランド第五の都市（人口約五十六万人）として発展し続けている。

中央駅の北東にある旧市街は駅から近く、歩いて行ける。旧市街に続く歩道脇の地図は、歴史的建造物の位置やコンテンポラリーアートの展示場所をわかりやすく表示している。

駅のデザインは、ポーランドの各地で目にする円弧を描くファサードを持ち、変型かまぼこ形の断面が約二百メートル直線状に続く。この円弧状の屋根は、これも各地で見られるスチール角パイプとガラスで構成され、その下部の空間は明るいコンコースになっている。駅前の建設中の建築を見ると、これもヨーロッパでは広く採用されている一部にしか梁が存在しないフラットスラブ＋プレキャスト・コンクリート構造である。建築に影響するほどの大きな地震がない地域の特徴を示している。したがって、鉛直力だけを支える柱は驚くほど細い。

スタルィ・ブロヴァル（ビール工場のリノベーション）

二十一世紀になって建設されたこのコンプレックス（商業施設、レストラン、ホテル、アートセンター、劇場、コンサートホール、シネコン、展示場、地下駐車場などが入っている）は、今回の調査のなかでも白眉といえるだろう。なんといっても巨大である。かつ、建築の質が高い。どのくらい大きいかというと、五十メートルから八十メートル×四百メートルの平面形を有し、一期工事部分と二期工事部分の間にほぼ五十メートル×五十メートルの広場があるので、建築面積は少なくとも、五十メートル×三百五十メートル＝一万七千五百平方メートル（約五千三百坪）である。これが六層あるので、延べ床面積は十万五千平方メートル（三万千八百坪）となる。内外装の質の高さを考慮すると、日本の建設単価で約百二十万円／坪となる。いわゆる、坪単価である。したがって、総工費は三百八十億円を超える。外周のランドスケープや、あちらこちらにあるアート作品を加味すると、約五百億円近い投資だろう。これは土地購入費を含んでいないので、総額は予想がつかない。このことからいえるのは、つまり、これだけの投資をする資本家がいるということ、かつ、ポズナンにこの施設を経済的に成立させる購買層がいるということである。この施設は、ポーランドの豊かさを、それも経済だけでなく文化的な豊かさをもあわせて示している。そのコンセプトが〝アートと出会う人生がある場所〟ということは素直にうなずける。冒頭に述べた現代ポーランドの活力そのものを明示している建築である（写真7）。

写真8　スタルィ・ブロヴァルのエントランスホール

　建築を見てみよう。この建物はリノベーションではなく、全くの新築である。軀体は鉄筋コンクリート造り、屋根は鉄骨造りだが、すべての壁がレンガ積みのためビール工場の外観を彷彿とさせる。さすがにレンガの扱いは伝統的に優れていて、丁寧に積まれた赤褐色の肌が美しい。この柔らかいレンガの質感に対比するように、屋根は現代的なスチール・テンション構造によっ

写真9　スタルィ・ブロヴァルの東側外観

て支持されている。張弦梁のテンション材・上弦材の鋼管やH形鋼、上下をつなぐパイプの束材は、意図的に太めの材を使用していて、軽快さより重厚さを表現している。このあたりが、日本やロンドンの現代建築とは異なるところである。また、長大な建築のコアとなる位置に、数カ所ロトンダ（円形の空間）が配置されている。ドームに代わるトップライトから落ちる光は、建物にアクセントと変化を与えている。ギリシャ建築以来のロトンダの使い方はさすがである。敷地の高低差や背後の公園との一体感はよく考えられていて、巨大な建築の難しさを十分に消化した優れた計画になっている（写真7・8・9）。

第9章　デザインの視点から見た東欧（ポーランド）

峯 郁郎

今回のポーランド視察は、特に東欧でのデザインの力をあらためて発見する機会になっただけでなく、これまでの、ある意味で偏見だったと思われる私自身の理解を超える発見と体験を得る機会にもなったことは大きな収穫だった。デザインの世界は世界的な認知を得てからまだ百年が経過していないといっても過言ではない。あのバウハウスの実験教育も、スタートしたのは一九一九年である。一方、人類は古代から自然崇拝、呪術、自己表現、コミュニケーションなどを通して様々なクリエーションを展開してきている。それは言語と道具を作り出した人類が天変地異や紛争といった多種多様な状況を克服してきたあかしでもある。こうして人は古くから何らかの創造的アクティビティをおこなってきたわけだが、デザインという視点、共有し評価するためのものさしが与えられてからはまだ百年未満ということになるだろう。本章でデザインという視点からポーランドに迫るにあたり、私たちから見たデザイン、一般的なデザインの世界との比較と視察訪問各地での状況を記したい。

1　ポーランドとの出合い

四十五年ほど前に一人のユダヤ系アーティストの作品が京都の美術館にやってきた。ベン・シャーンだった。彼は一八九八年、バルト海に近いコヴノ（現在のリトアニアのカウナス）のユダヤ人家庭に生まれ、一九〇六年にアメリカに移住した。シンプルで力強い線と色使いが印象的で、私が強烈な影響を受けた数々のシャーンの作品のなかでもとりわけ印象深く、当時レプリカを買い求めた描画があった。『ワルシャワ』（一九五二年）というタイトルの描画だ。両手の拳を力強く掲げた構図、鮮烈なブルーのグラデーション、手だけで顔も頭もないその画面は、民衆の苦悩とそれに負けない強い意志、そしてその表情さえうかがえる「力」を持っていた。当時ポーランドという国のことをあまりよく知らなかった私に、ポーランドが置かれていた厳しい世界情勢を少し教えてくれたような一枚だった。あれから月日は流れ、今回そのワルシャワの地を踏むことになった。何度か地図から国名が消えた国ポーランド。その独特の国民性やアイデンティティーの持ち方などが、芸術活動やデザインに反映されてきた経緯に少しだが触れたい。

2　欧米とデザイン

私たちがデザインを学び知る過程で、情報や知識が東欧から入ることはまれである。産業革命発祥の地イギリス、芸術やファッションのフランス、乗り物や楽器のイタリア、機能的な道具のドイツ、家具やインテリアの北欧、エネルギッシュなアメリカなどがサンプルとして提示されることが多い。なかでも、産業革命による大量生産時代を背景にドイツのバウハウス（一九一九—三三年）がたった十四年間でもたらした影響は大きい。ここではあえて詳細に触れることは避けるが、主に建築を通して機能的で人中心の考え方を教えてくれている。丁寧な手作りの少量生産に対して、バウハウスは広く流布させることができる大量生産に「品質」という概念を与える仕組みを考えていた。さらにドイツではディータ・ラムスという優れたクリエーターが長く影響を与えたブラウン社というメーカーが光る。質実剛健、機能的なモノは美しくなくてはならない……を体現してみせた偉大なメーカーだ。そのデザインフィロソフィーを受け継ぐ日本の企業も少なくない。

またイタリアの場合、日本でいうグッドデザイン賞にあたるコンパッソドーロ（黄金のコンパス）賞は国が奨励しているのではなく、ミラノに本店がある一百貨店が提唱、運営するところが興味深い。工業デザインを中心にそのプロモーション活動もユニークだったタイプライターメーカーのオリヴェッティー社、プロダクトデザインの発展と企業の社会貢献に寄与した彼らの功績は大きい。フランスは何といっても、その言葉自体がフランス語で表現されていることからわかるように、アールヌーボー、アールデコのデザイン探求は歴史的にも世界的にも大きな影響があったことは明白である。もちろんこれらの活動はフランスやベルギーにとどまらず、広義の同意語としてのユーゲント・シュティール（青春様式）はドイツやオーストリアでも影響力を持った。

一方、広大な森林に恵まれ、冬が長く、家屋のなかでの暮らしに重きを置く北欧の国々では、ふんだんに入手できる良質な木材を使った家具やインテリアデザインの熟成に時間がかけられてきた歴史は必然である。北欧家具の美しさ、シンプルさやそのぬくもり感は多くの日本人が好む世界でもあり、日本人デザイナーたちは北欧から多大な影響を受けて育ってきたのだ。そして、ナチスによって閉鎖に追い込まれたといってもいいバウハウス、そこで教えていた優秀な教員や若きクリエーターたちが多くアメリカ大陸にも渡ることになる。そこで花開いたのが北米のデザインだ。それらはドイツで育まれた機能的デザインに対して商業的デザインと呼ばれ、カタチは欲望に従うともいわれた。どうして鉛筆削りが流線形をしているのか。なぜ自動車にテールフィンが立っているのか。そのキャッチーでワクワクするような造形や質感、配色などは人間の根源的な欲望にも訴えてくる何かを持っていて、工業デザインだけでなく、様々なクリエーションに波及していったと思われる。

さて、こうやってやや乱暴ではあるがざっと書き出してみるにつけ、デザインの東欧らしさとは一体何なのか、という疑問が深まることになる。

3　ポスターという自己表現、コミュニケーション手段

私たちにとっては、ポーランドのデザイン＝ポスター表現、といっても過言ではない。特に一九六〇年代から七〇年代はポーランド・ポスターの黄金期とされ、表現自体に独特の傾向が見られ、数多くの優れたポスター作家が生まれた。その傾向の一つは「顔」の扱い、表現である。ポーランド・ポスターにはいろいろな「顔」が描かれてきた。その顔に何を語らせようとしたのか。

共産主義時代には、民族的なスタイル、生活はほとんど許されなかったポーランド。しかし検閲下で、むしろ多様な表現が新しく生み出されることになったようだ。ダイレクトなメッセージを伝える「描かれた言葉」に加えて、検閲を含めた社会への批判、政治批判をマスクの下に「隠れた言葉」として込め、当時の多くのポスター作家は試行錯誤を繰り返して自己表現の方法を模索していたと思われる。一九六六年から現在まで継続されている国際ポスタービエンナーレによる影響も強く、七〇年以降は社会的背景がほかの西欧諸国とは大きく異なる状況の下、ポップアート的な表現も現れ、閉ざされたなかにも世界の趨勢に遅れない表現のダイバーシティ、クオリティーを確保してきた。

共産主義が終焉を迎え、一九八九年以降の民主化によってポーランドの社会の仕組みは大きな変化を迎えることになる。そんなななかで、ポスターにとって「顔」は現在にもテーマとして受け継がれ、強烈なメッセージを伝えてくれる。日本でも、ポスター芸術、グラフィックデザインを集めた展覧会は何度も催されてきたが、ポーラ

ンド・ポスター展はその代表格になっていて、関連図書も数多く出版されている。イメージを視覚化することを生業としているプロだけでなく、デザインを学ぶ多くの若者に向けて、今後もこういったイベントは継続されていくと思われる。またポスターだけでなく、雑貨や小物にも様々な特徴を見いだすことができる。特に民主化以降は、国民が世界の多様な文化に日常的に触れる機会も増え、それが自国の民族的な文化を見つめ直すことにつながり、自らのアイデンティティーをより強く意識するようになっていった。日本でも有名なポーランドの代表的な陶器ボレスワヴィエツに見られる上品でカワイイ花柄や水玉模様は、モノトーン＋赤が典型だった共産主義時代の表現手法に対して、全体に抑制が効いた色使いのなかにも自由で楽しげな民主主義の香りが漂い、いまの時代にもとけこむたたずまいを持っている。一般的に、東欧雑貨は洗練されすぎない独特の素朴さが特徴で、ハイテクデジタル時代のなか、手肌のぬくもりを実感できるよさがある。

4　主だった視察訪問先での所感

ポーランド・ユダヤ人歴史博物館（Museum of the History of Polish Jews）
所在地：ワルシャワ

第二次世界大戦中、ナチス・ドイツがユダヤ人たちを隔離するために各地に設けた居住区域がゲットーだ。そのなかでもワルシャワ・ゲットーと呼ばれた施設の解体跡に建てられ、二〇一三年にオープンした博物館で、ゲットー記念碑とともに存在する。フィンランド人建築家ライナー・マフラマキの設計による近代的な建物は、ワルシャワ市内でもモダンで美しい建築物の一つ。ガラスの外壁にだんだん近づいていくと、そこにはおびただしい数の文字がエッチングで描かれていた。それらは妙に有機的で、一文字一文字が人格を持っているようにさえ

写真1　ポーランド・ユダヤ人歴史博物館

感じられ、不思議なたたずまいだった。これはヘブライ語とラテン語で記されていて、ユダヤ人がどのようにしてポーランドに移り住み、なぜその地に居続けたのかを自ら問う内容になっているようだ。刻まれた一文字一文字がユダヤ人一人ひとりのように感じられたのは私だけだろうか（写真1・2）。

展示概要は、かつて豊かに恵まれていたユダヤ人の文化と暮らし、ナチスと戦争による破壊と抑圧の時代、そして現在へとつながる千年にわたる壮大な歴史となっている。文化教育度が高いこれらの展示は、想像を超えた驚くほどのハイテクでつづられ、一八〇度の半円スクリーンの部屋やプロジェクションマッピングで再現されたユダヤ人街などもある。このようなハイテクな展示コンテンツはポーランド内のほかの展示でも体験できるが、特にこの施設は外観とコンテンツとのバランスがとれていると感じた例である（反対に、後で触れるショパン博物館などは外観とハイテク展示とのギャップが大きい例だ）。

オールド・ペーパー・ミル・ショッピングセンター（Stara Papiernia）

所在地：ワルシャワ郊外、コンスタンチン＝イェジオルナ

ワルシャワの南近郊、コンスタンチン＝イェジオルナにあった十八世紀操業の製紙工場を改築・改装したショッピングセンター。ポーランド最古の工場の一つだったが一九八六年に消失し、二〇〇二年に再生された。ここではトイレのサイン（写真3）と近くの池に生息している水鳥たちのエサの自動販売機（写真4）が印象的である。すぐ近くでは露天のマーケットがにぎわっていて、ひまわりの種の豪快な売り方や、日本ではあまり見かけないTシャツの逆さ吊りと高密度ディスプレーが新鮮だった。

ポーランド海洋博物館（The Polish Maritime Museum）

所在地：グダンスク

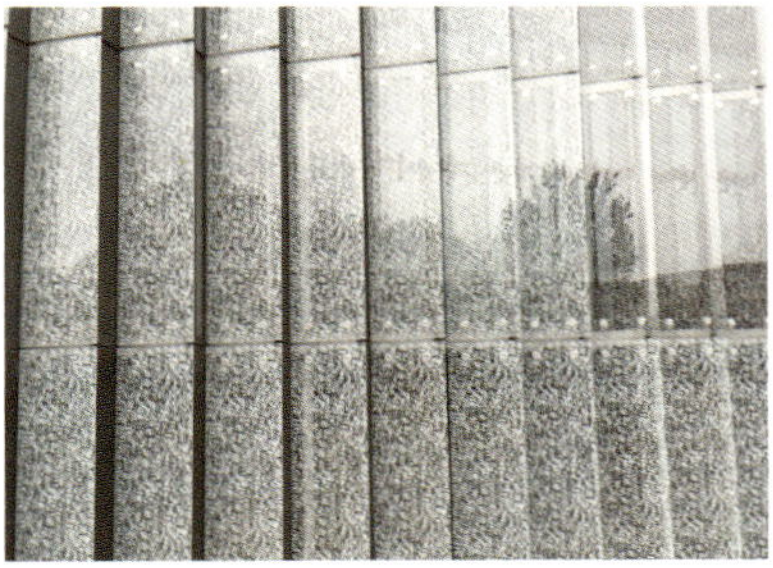

写真2　ポーランド・ユダヤ人歴史博物館近景

写真3　オールド・ペーパー・ミル・ショッピングセンター内のトイレのサイン

写真4　オールド・ペーパー・ミル・ショッピングセンター近くの池に設置されていた水鳥のエサの自動販売機

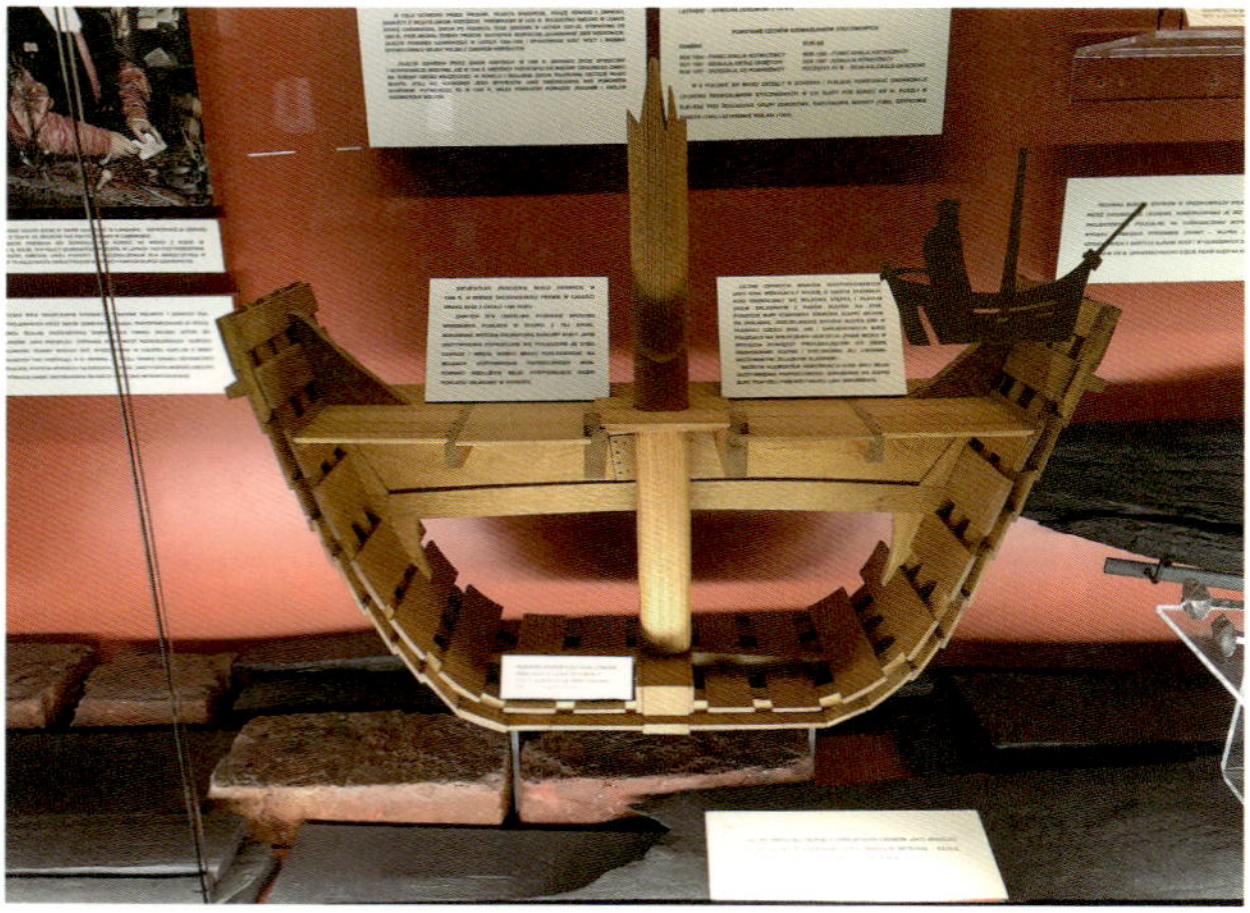

写真5　ポーランド海洋博物館内の展示物　船の断面

バルト海沿岸の港湾都市グダンスクは十四世紀にハンザ同盟都市として繁栄した歴史もあるが、第一次・第二次の世界大戦を通して時代の趨勢に翻弄されてきた都市でもある。四つのセクションに分けられて海洋文化の歴史を伝える展示の多くはローテクなもので、船の構造や世界中の船を精密な模型やイラストを使って丁寧に説明していた。なかには原寸大のセットもあり、その存在感などにバーチャルでは伝わりにくいリアリティーがあって、ここの展示計画がハイテクに頼らない理由がわかる（写真5）。

スタルィ・ブロヴァル（Stary Browar）
所在地：ポズナン

中世ポーランド王国最初の首都だった都市ポズナンは古くから商業都市として繁栄し、現在では国際見本市の開催会場として有名である。今回訪れたスタルィ・ブロヴァルは広大な敷地面積を有していた醸造所の跡地を再開発して二〇〇三年十一月にオープンした施設で、商業施設とアートセンターが共存する、いわばポスト・インダストリアル・モニュメントとなっている。施設のところどころにアーティスティックなディテールやモダンなサインも見られ、巨大な空間を飽きさせない空気で満たしている（写真6）。なかでもアート・ステーションと名付けられた施設のサインに用いられていたフォントが、ロンドンの地下鉄で使われている専用書体の特徴に似た要素もあって興味深かった。

マイダネク強制収容所（Majdanek Memorial and Museum）
所在地：ルブリン

写真6　スタルィ・ブロヴァル内のアート

日本ではアウシュヴィッツの強制収容所があまりにも有名だが、ここマイダネクは数ある収容所のなかでも世界で初めて博物館として公開された施設である。元収容所のなかで唯一、遺体を焼いた焼却炉がそのまま残されている点も特徴的で、全体の規模としてもアウシュヴィッツよりも大きい。広大な敷地と入り口近くの巨大な記念碑が圧倒的な存在感を持ち、再現された当時の施設や展示物を見る前から来場者に歴史の重みを投げかけてくるようだ。この巨大な空間と囚人収容のためのバラック、ガス室、ところどころに不気味にそそり立つ監視塔などが、歴史上本当にここに実在した人間の負の遺産をさらしている。ここでは時間をかけて徒歩で巡ることで、遠く人間たちがおこなってきたことに思いを馳せることが大切だと感じる（写真7）。

敷地のところどころに設けられた案内サインは透明、または半透明の板に情報が記されたシンプルなもので、見渡すかぎりの広大な空間を遮らず、またここに流れた長い時間経過

写真7　マイダネク強制収容所

と来場者とをつなぐ「窓」のようにも感じられた（写真8）。

兵器庫博物館（Arsenal Museum）
所在地：ザモシチ

イタリア・ルネッサンス様式の建物群が構成する街並みは、かつてのポーランドの貴族ヤン・ザモイスキがイタリア人建築家に依頼して作らせたものらしい。このようなイタリア風景観は東欧では珍しいものになっている。

数多く並ぶ重厚な武器群とは対照的な真っ白の外壁に包まれた博物館は、もともと兵器庫だった施設を再利用して展示館としたものである。ザモシチはコサックやモンゴル軍、スウェーデン軍などの攻撃から国を守るための要塞都市だった歴史から、それらの関連展示も多い。近隣諸国との攻防の歴史が色濃いポーランドならではの様々な武器、兵器が所狭しと並んでいるなかで、戦場での食事を賄う車両設備が新鮮だった。カーキ色に塗装された、パンを焼くための車両などがそれだ。

ショパン博物館（Frederik Chopin Museum）

所在地：ワルシャワ

バロック様式の宮殿のなかにある博物館スペースで、その外観とハイテクな展示とのギャップも興味深い。ショパンが愛用していたグランドピアノ（フランス・プレイエル社製）や遺髪、マスク、手をかたどった模型などの現物展示に加えて、ＩＴを駆使した展示があり、また一緒に訪れた子どもたち専用のおもてなしコーナーも設けられている。

写真8　マイダネク強制収容所のサイン

まとめにかえて

ポーランド語には、他言語に翻訳することが難しい二つの言葉があるといわれている。それは「ポルスコシチ（polskość）」と「スフォイスコシチ（swojskość）」である。

一方の「ポルスコシチ」の概念は、辞書的には「ポーランドの国民性（国籍、生まれ）」「ポーランド性」となり、もう一方の「スフォイスコシチ」のほうは「自分らしさ」とでも訳すのが最良と思われる。これらは世界地図から名前が消えた国で、その国民が静かに持ち続けていた自らのアイデンティティー、誇り、魂のよりどころを表す言葉なのだろう。共産主義下の独特の抑圧状況と、民主化された自由で開放的な社会の両方を体験した人たちが長く大切にしてきたものは何だったのだろうか。十八世紀末に隣接する国々によって分割されたという歴史的事実が、ポーランドという国、そしてそこで暮らす国民の意識にどんな歴史的事実よりも支配的な力を持っているものと思われる。ポスター芸術に見られる抵抗の変遷も、決して自分たち自身を見失うことなく独自の文化やアイデンティティーを育んできたパワーの発露なのだろう。私が四十余年前に遭遇したベン・シャーンが描く『ワルシャワ』、その描画に込められたメッセージの深さには、現在でも到底及ばないと感じる。ユダヤ人の両親を持ち、自由の国アメリカに暮らした一人の画家が感じ取ったポーランドという国の

写真9　車椅子用階段昇降移動補助装置
鉄道による移動が多かったなかで、ワルシャワから北へ向かい、バルト海に面した街のグダンスク本駅で発見した車椅子用の階段昇降移動補助装置。同様の設備は日本や海外にもあるが、ここの特徴は移動用のレールが一般の階段手すりと兼用になっている点である。残念ながら稼働状態を確認することはできなかったが、明らかに通常の手すりをレールに利用している構造で、潤滑油などによる汚れのリスクが気になるところである

生きざまについてさらに掘り下げたいと思う。デザインは人々の暮らしに作用すると同時に、様々なバックグラウンドを反映しながら新しくなっていくものである。次の時代へのクリエーションを考えるにあたり、歴史を学

写真10　フラットスペース　構造レール部材と照明装置
コンスタンチン・イェジオルナからワルシャワ市内に戻るバスのなかの様子。自転車やスケートボードなどと乗車できるフラットスペースや車体の構造を支えるレールにはまり込んだ照明装置が興味深い

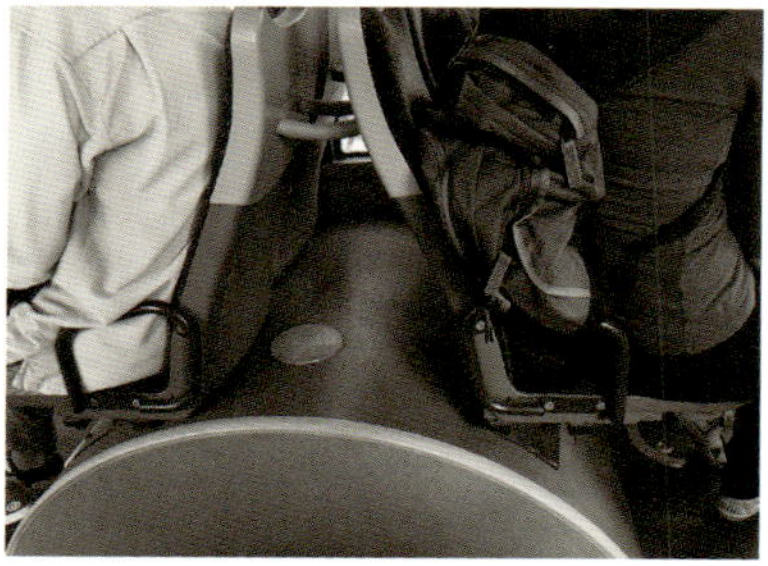

写真11　タイヤハウス上の座席

写真12　インターシティー急行車両内の荷物収納スペース

写真13　バルト海沿岸の北ポーランドの街中とグダンスク本駅前のファストフード店

写真14　ワルシャワ市内の地下鉄のホーム。駅名表示が過多？

ぶことの大切さと、「人々の幸せを考える」というシンプルな姿勢が最も重要だということをつくづく感じる。今回は縁あって東欧の国ポーランドを実際に訪問することで体感できた多くのリアリティーが、これまで以上に私の好奇心を揺さぶった。世の中では様々なモノやコトがデザインされている。現状の仕組みやクオリティーを単に受け入れてしまうと進歩が鈍る。いつの時代も、クリエーターに課せられたミッションは新しい「当たり前」を創出することにある。今回のポーランド視察を通して人間の根源的なパワーにあらためて触れることができたような気がして、前向きに世の中のために知恵を絞って協業していく覚悟を新たにした。

参考資料・ウェブサイト

デイヴィッド・クラウリー『ポーランドの建築・デザイン史——工芸復興からモダニズムへ』井口壽乃／菅靖子訳、彩流社、二〇〇六年

地球の歩き方編集室『地球の歩き方 チェコ・ポーランド・スロヴァキア2015〜2016』ダイヤモンド・ビッグ社、二〇一五年

「ポーランド政府観光局」(http://blogs.yahoo.co.jp/dziendobrywieczor/46746750.html)［二〇一六年一月十五日アクセス］

「ポーランド広報文化センター」(http://instytut-polski.org/about-pl/)［二〇一六年一月十五日アクセス］

おわりに

加藤裕治

ここまで読んでいただいた方々は、本書の各章のテーマの違いに戸惑われたかもしれない。そのため、まず本書が生まれた経緯について述べておきたい。

二〇一二年の年末から一三年のはじめだったと記憶しているが、まちづくりや文化遺産、文化産業に造詣が深かった根本敏行先生から、「今度、ポーランド・チェコあたりに産業遺産などの調査に行きませんか？」と提案をいただいた。いま振り返れば、これまで西欧を中心に調査をしていた根本先生にとっても、中東欧に行くのは一つの方向転換だったと思う。また、本書を読んでいただければわかるとおり、必ずしも中東欧や産業遺産を専門としない私たちにも声をかけられたのは、後述する本学の特徴も踏まえたうえでの根本先生のお考えだったのだろう。

本プロジェクトのメンバーが所属する（した）静岡文化芸術大学は浜松の地にある公立大学法人であり、文化政策学部とデザイン学部の二学部からなる小さな大学である。また学部の名称からもわかるように、様々な知を集積して地域の発展に寄与するという使命を持っている。そのため根本先生は、こうした大学の事情も念頭に置いたうえで、成長著しい中東欧での文化変容や産業遺産を実際に見にいきましょう、と声をかけてくださったのだと思う。私たちも、先生から「ご自分の専門から中東欧がどう見えるか、考えてください」という言葉をいただき、進んでこの調査に参加したのである。

こうして二〇一三年度、一五年度と二回の調査を実施した私たちは、さらに次回調査を計画していた。しかし一六年九月二十二日、根本先生が急逝されるという事態が生じた。あまりに突然のことで、私たちは研究の今後も含めて途方に暮れたが、これまでの調査を形に残したいという思いから、研究としては不十分であるという批判は承知のうえで本書としてまとめることになった。

このような経緯から、本書を編集していると、根本先生の研究姿勢や考え方が色濃く出た本になっていると感じる。昨今、人文科学・社会科学の研究を取り巻く環境は厳しい。誰にでもわかりやすい成果や結果が求められることも多い。だが根本先生は、そうした成果や結果が出る手前の学問の楽しさ、つまり様々なものに興味を持つこと、不思議がること、そうしたことをとても大切にされる方だった。それはあたかも、子どもが池で石遊びをするために水面をよく切る石を探していたら、水面のアメンボに興味を持ってしまい、アメンボに目を移すと次にそれが進むとできる波紋に興味を持ってしまう、そんな好奇心の広がりのようだった。当然、「自分の専門の研究を徹底的に追求することを忘れずに」とおっしゃってはいたが、一方で、知の面白さや広がりを大切にし、それに呼応して行動する方でもあった。

本書を執筆した私たちは、こんな根本先生の考え方に共感していた。私はいまもポーランドのグダンスクでの出来事を思い出す。秋深まる気配の曇天のもと、とても寒かった。そんななか、私たちはみんな薄着で歩いていた。しかし、バルト海に面する港で「SUSHI」と書いてある日本食（らしき）レストランを見つけ、こんな場所にもすし屋があるのかと不思議なメニューをみんなで見つめ、そのすぐ先にあった「グダンスク クレーン」を見てはデザイン談義に花を咲かせ、運河の対岸に見えた海洋博物館が気になり、即座に渡し舟で対岸に渡って、その博物館でバルト海の歴史に思いを馳せた。互いに話すことで「そうか、この専門の分野からは、このように物事が見えるのか」と新たな視野が開け、それだけで中東欧の秋の寒さを吹き飛ばすような知的関心が、根本先生をはじめとする本メンバーの間に渦巻いていた。

思い起こせば、（二回目の調査対象地である）グダンスクへの私の関心も、本メンバーとの調査でなければ、絶対に生まれなかったにちがいない。二〇一四年春、私は東京の岩波ホールで『ワレサ――連帯の男』を見ていた。

監督はアンジェイ・ワイダ。ポーランドの国民的映画監督で、日本でのファンも多い。岩波ホールに足を運んでその作品を見たのは、一回目のポーランド調査が影響していたと思う。

ワイダがウッチ映画大学を卒業していること。そのウッチの街がドイツやロシアの外部資本を導入して織物工業や紡績産業を集積させたこと。ワイダの代表作の一つ『約束の土地』の舞台こそがウッチであり、織物と紡績で一攫千金を夢見た若者たちの物語だったこと。そしてその「コットン王国」の痕跡が、マヌファクトゥーラであり、現在、文化遺産の活用として、ウッチを代表する観光施設になっていたこと。これらを私は一回目のポーランド調査で知ったのである。

こうしたウッチやポーランドへの関心が、私のなかで『ワレサ――連帯の男』につながった。そのため二回目の調査では、「グダンスクは必ず候補に入れましょう」と発言するに至った。結果として、レフ・ワレサ（ちなみに現在はレフ・ヴァウェンサとも表記するようだ）がストライキを始めたレーニン造船所、その地にある連帯センター（連帯博物館）を訪れることになったのである。こうした一連の知と関心の連関は、本メンバーと共同で研究することがなければ、絶対に生じなかったと思う。

とはいえ一方で――「おわりに」を書いている特権から言及しておきたいが――やはり自分の専門からの関心が、調査の根底に存在したことも確かだ。メディアの社会学を専門とする私にとって中東欧は、長らく関心がある場所だった。大学院生だった一九九五年、クロード・ランズマン監督の『ショアー』が日本で公開され、大きな反響を巻き起こしていた。また、ホロコーストやアウシュビッツの表象（の限界）をめぐる問題、あるいはスティーブン・スピルバーグ監督の『シンドラーのリスト』へ向けられた批判に対して、その賛否やポピュラー映画の可能性などをめぐって様々な議論がなされていた。当時、これらは私の直接の研究対象ではなかったが、イメージと社会をめぐる問題として注目していた。

そのため、根本先生から中東欧行きの声をかけていただいた際には、まずアウシュビッツ・ビルケナウ強制収容所は必ず訪れなければならないと感じていた。本書では取り上げていないが、クラクフを調査した際には、アウシュビッツ・ビルケナウ強制収容所も訪問し、その空気や雰囲気を感じたことは貴重な体験になった。アウシュビッツには現在も多くの建築物が残存している。だが、外観はただの学校や役所と変わらない、とても平凡な場所と感じてしまうところだった。ビルケナウはほとんど建築物が残っておらず、雑草が生い茂るだけの広大な場所だった。何も知識がなければ、この場所で何がおこなわれたのかもわからないだろう。実際、ビルケナウの写真を授業で見せても（あの「死の門」の建物を見せなければ）、そこがビルケナウと気づく学生は皆無である。

だからこそ、私は行ってよかったと思う。悲劇の場所だとする知識と観念はあった。だがそこに足を運べば、ただただ風が吹き抜ける草原であった。何もない平凡さ。恐怖や怒りのイメージが見当たらないこと。そうしたことが体験できたことは、大きな意味があった。

反対に、本書で論じたシンドラー・ファクトリーは、多くの意味とイメージが投げかけられる場所だった。それはあたかも、現在のアウシュビッツ・ビルケナウでのイメージや意味の不在を補うかのようなミュージアムであり、『シンドラーのリスト』といったポピュラー文化が想起させるイメージを利用した積極的な文化遺産であった。

ホロコーストの表象をめぐるかつての議論からすれば、シンドラー・ファクトリーには真正性を欠く部分があるかもしれない。しかし、『シンドラーのリスト』の舞台になった工場がミュージアムとなり、そうした負の歴史の存在を人々が興味を持つスタイルで伝えることは、戦後から長い時間がたってしまった現在、重要な試みである。こうした戦争の記録を残し、その経験を各種の映像テクノロジーなどを利用して伝えようとするシンドラー・ファクトリーを訪問したことは、私の大学院時代の関心を、また当時とは違った視点からよみがえらせてくれたのである。

このように、今回の調査は長らく宿題にしていた自分の関心を広げてくれた面がある一方、参加したことで新たに関心を持ったものもある。自らが能動的な関心からおこなってきた研究だけでなく、全く異分野の先生方の視点や関心からひらめいた受動的な関心を今後どのように消化し、能動的な研究へと展開できるか、自分自身でも大変楽しみである。まさに、こうした研究への取り組み方こそ、根本先生が望んだものだと感じる。おそらく、本プロジェクトに参加した先生方も同じ気持ちだと思う。

最後に根本先生の原稿について記さなければならない。本書の出版を考えた際、先生が生前に残された原稿をどうするか、ご家族や本プロジェクトの参加者、編集者とも相談した。その結果、先述した本プロジェクトの経緯からして先生の原稿を掲載しないわけにはいかないと判断した。ただそのままでは全体とのバランスが保てないため、原稿をできるだけ生かしながらも、その後決めた方針に従って四方田雅史と加藤裕治が編集したうえで本書に掲載することにした。それが第1章「ポーランド・チェコのルネサンス要塞都市における超時空的考察――ザモシチ、オロモウツ、テレジーン」と第7章「産業遺産と商業・芸術文化施設の邂逅――ポーランド・ウッチとカトヴィツェの例から」である。できるだけ根本先生の原稿の趣旨から逸脱しないよう努めたが、本書を読んで根本先生の研究に関心を持たれたならば、そのもとになった論文にも目を通していただけたら幸いである。

また本書の刊行にあたっては、青弓社の矢野未知生さんには大変お世話になった。出版事情がとても厳しい昨今ではあるが、本書の原稿について快く相談に乗り、出版を引き受けてくださった。さらに、資料である多くの写真入りでの出版も快諾していただき、本当にお世話になった。この場を借りて心から感謝の気持ちを申し上げたい。

また根本先生の原稿の出版を許諾していただき、編集の際には何度も原稿をチェックしてくださったご家族の方々にも感謝の意を表したい。さらに出版にあたっては、平成二十九年度静岡文化芸術大学出版助成を受けた。この件を含め大学の関係者のみなさまには大変お世話になった。こちらにも心から感謝を申し上げる。

［著者略歴］

根本敏行（ねもと・としゆき）

1957年、東京都生まれ。2016年逝去
静岡文化芸術大学文化政策学部教授、文化政策学部長、副学長などを歴任し、同大学名誉教授
専攻は都市工学、まちづくり、創造都市
共著に『検証 イギリスの都市再生戦略』（風土社）、論文に「負の遺産を包含した都市文化政策事例研究」（「静岡文化芸術大学研究紀要」第13号）など

藤田憲一（ふじた・けんいち）

1948年、福島県生まれ
静岡文化芸術大学名誉教授
専攻は英米法・情報法
論文に、「アメリカにおける裁判のテレビ放送」（「法学論集」第12号）、「アメリカの連邦のプライバシー保護関連法」（「ジュリスト」増刊「情報公開・個人情報保護」）、「アメリカの法廷テレビの現状と憲法論」（「ジュリスト」増刊「変革期のメディア」）、「アメリカ各州の法廷テレビの現状とアクセス権をめぐる議論」（「静岡文化芸術大学紀要」第2号）など

海野敏夫（うんの・としお）

1951年、福岡県生まれ
アルファ構造デザイン事務所代表取締役、静岡文化芸術大学名誉教授
専攻は建築構造デザイン
共著に『完全リサイクル型住宅Ⅱ』（早稲田大学出版部）、『日本の構造技術を変えた建築100選』（彰国社）、論文に「アンボンド部材を有する斜め格子チューブ構造の設計」（「日本建築学会学術講演梗概集C-1 構造3」1997年）、建築作品にSONY本社ビル、細見美術館、岐阜マルチメディア・ドリームコアなど

峯 郁郎（みね・いくろう）

1955年、大阪府生まれ
静岡文化芸術大学デザイン学部教授／文化・芸術研究センター長
専攻はプロダクトデザイン、デザインマーケティング
ヤマハデザイン研究所で30余年、楽器や家具、スポーツ用品などの製品デザイン、ブランドコントロールなどのコミュニケーションデザインを担当ののち現職。主にヤマハサイレントシリーズの各楽器の開発、マネージメントを担当

［編著者略歴］
四方田雅史（よもだ・まさふみ）
1972年、東京都生まれ
静岡文化芸術大学文化政策学部准教授
専攻は日本・中国の経済史・産業史、文化財
著書に『日中比較産業史』（春風社）、論文に「上海・青島の紡織工場遺産の保全と利活用」（「産業考古学」第153号）、「農業・農村の文化財的価値と農産品・加工品のブランド化」（「農業と経済」第83巻第5号）など

加藤裕治（かとう・ゆうじ）
1969年、愛知県生まれ
静岡文化芸術大学文化政策学部教授
専攻は文化社会学・メディア論
共著に『映像文化の社会学』（有斐閣）、『無印都市の社会学』（法律文化社）など

中東欧《ちゅうとうおう》の文化遺産《ぶんかいさん》への招待《しょうたい》　ポーランド・チェコ・旧東ドイツを歩く

発行――2018年3月12日　第1刷
定価――2000円＋税
編著者――四方田雅史／加藤裕治
発行者――矢野恵二
発行所――株式会社青弓社
〒101-0061 東京都千代田区神田三崎町3-3-4
電話 03-3265-8548（代）
http://www.seikyusha.co.jp
印刷所――三松堂
製本所――三松堂

ISBN978-4-7872-2073-8 C0022